日 本 評 論 社

新 法令解釈・作成の常識

吉田利宏

はしがき

この本は、法学セミナー二〇一四年七月号から二〇一六年四月号までの連載「新・法令解釈・作成の常識」を加筆、修正してまとめたものです。

日本評論社には、内閣法制局長官を長らく務められた故・林修三氏（一九一〇―一九八九）の手による法制執務三部作、『法令用語の常識』、『法令解釈の常識』、『法令作成の常識』があります。私自身も議院法制局に入局以来、現在に至るまでこれらの書籍にどれだけ助けられたか分かりません。まさに法制執務のバイブルといえるでしょう。これらの書籍が最後に改訂されたのは一九七五（昭和五十）年ですが、今なお、その深い見識に導かれ、多くの読者に読み継がれています。

ただ、この四〇年以上の間に、失われた法令も多く、国と地方との関係など法制執務をめぐる環境が大きく変化しています。林修三氏の見識を次の時代につなげてゆくには、一日も早い補ていが求められる状況にあるように思われました。「林修三氏の力を借りながら、現代の法制執務環境に対応した書籍が書けないか」、これが、力不足の身ながらこの書籍を世に送ることにした思いのすべてです。

将来の方向性や大きな制度設計を示す意味で国の法令の重要性は少しも失われていません。その一方で、自治体職員の法務能力は今や欠かせないものとなっています。特に、政策を企画し実現するための法令の解釈力や作成のスキルは高いレベルで求められています。

本書では、『法令解釈の常識』、『法令作成の常識』で示された視点をできるだけ踏襲しつつ、刊行時の政治情勢などにかかわる部分などを削除し、一冊にまとめました。前書と比べつつご愛読を賜ることができれば、たいへん幸せです。

最後になりましたが、法学セミナー編集部の柴田英輔氏には連載時よりたくさんの励ましをいただきました。また、前法学セミナー編集長（現法律時報編集長）の上村真勝氏には、法制執務三部作への思いを受け止めていただき、連載のきっかけをいただきました。両編集長がいなければ『新法令用語の常識』もこの書籍もなかったことでしょう。

ここに改めて感謝の気持ちを捧げます。

二〇一七年二月

吉田　利宏

目次

法令解釈の常識

第二　解釈の種類

法令解釈の常識

第一　「法令を解釈する」ということ

法源

[1]　成文法と法令用語

裁判所が裁判に当たってよるべき基準のことを「法源」といいます。法源には、成文法のほかに、慣習法や判例があります。法令のうち、明文で明らかにされているものが成文法です。慣習法や判例は不文法です。いうまでもなく、日本は成文法を中心とする国です。成文法中心であることのよいところは「法的安定性がある」ということです。「○○をしたら罪になる」、「△△なら免許が得られる」、「××の場合には税金が課せられる」のように、具体的に権利が与えられたり、制限されたりする場合が予め明らかになり、こうした要件を変更するにも法改正という手続がとられます。法的安定性を重視して成文法を中心に据えた以上、法の解釈はその文言から出発しなければなりません。まずは文理解釈こそあらゆる法令解釈のスタートなのです。「文字や文章の意味するところ」の理解には、文字の意味や文字の掛り方などが分からなければ先に進めません。つまり、条文の構造を明らかにする用語や日常の言葉とは異なった意味で使われている用語は、法令用語として別途、理解しなければならないのです。法令用語は法律を解釈する上での必須知識といえるでしょう。

［2］慣習法

慣習法に関しては「法の適用に関する通則法」三条に定めがあります。ここでは、「公の秩序又は善良の風俗に反しない慣習」についてではありますが、法律が十分にないところでは法としての効力を認めています。これを「慣習法の補充的効力」といいます。また、法令に定めがある場合にも、慣習に法としての効力を認める場合もあります。民法には、二百七十七条のような規定がいくつか存在しますが、ほかならぬ法自身が慣習を法として認め、その規定内容の変更を認めているのです。こうした慣習法の力を「慣習法の変更的効力」といいます。

○法の適用に関する通則法
（法律と同一の効力を有する慣習）
第三条　公の秩序又は善良の風俗に反しない慣習は、法令の規定により認められたもの又は法令に規定されていない事項に関するものに限り、法律と同一の効力を有する。

○民法
（永小作権に関する慣習）
第二百七十七条　第二百七十一条から前条までの規定と異なる慣習があるときは、その慣習に従う。

また、特に、商慣習については、民法以上の効力（商法の規定があれば商法の規定が優先されます。）を認めた商法一条二項の規定さえあります。こうした規定を通じて慣習は「慣習法」に高められています。

○商法
（趣旨等）
第一条　商人の営業、商行為その他商事については、他の法律に特別の定めがあるものを除くほか、この法律の定めるところによる。
2　商事に関し、この法律に定めがない事項については商慣習に従い、商慣習がないときは、民法（略）の定めるところによる。

[3]　判例

判例も法源となります。もちろん、日本においては、将来の同種の事件に対する判例の拘束力は定められていません。事件はひとつひとつ別なものなのですから、その解決の方法も全く同じものはありません。そうはいっても、裁判官は、同じような法的な判断を迫られたときに、過去の同種の判断を参考にするはずです。それが最高裁の判断であればなおさらでしょう。そうした意味で判例にも事実上、法源としての役割があるといえます。最高裁で過去の法令解釈を変更するには十五人の裁判官全員による大法廷での審理が求められます。これも事実上の法源としての役割を認めた上で、その法的安定性を図ろうとするしくみといえなくもありません。

○裁判所法
第十条（大法廷及び小法廷の審判）事件を大法廷又は小法廷のいずれで取り扱うかについては、最高裁判所の定めるところによる。但し、左の場合においては、小法廷では裁判をすることができない。
一・二　略
三　憲法その他の法令の解釈適用について、意見が前に最高裁判所のした裁判に反するとき。

[4]　事実たる慣習

民法九十二条には次のような規定があり、慣習が民法の任意規定（たとえ関係する規定が存在しても、それとは別の当事者の合意があれば、その合意によるとされる規定）に優先するという内容が定められています。

○民法
（任意規定と異なる慣習）
第九十二条　法令中の公の秩序に関しない規定と異なる慣習がある場合において、法律行為の当事者がその慣習による意思を有しているものと認められるときは、その慣習に従う。

この内容は、そのまま読むと、「法の適用に関する通則法」三条と矛盾するように読めます。そのため両者の関係について、さまざまな「解釈」がなされているようです。①法の適用に関する通則法三条は、社会の人々にとって法として受け入れられている程度まで高められた慣習（法的確信まで高められた慣習）についての規定で、民法九十二条はそこまで至らない慣習についての規定であるとか、②民法九十二条は「当事者がその慣習による意思を有している」場合について述べているので、法の適用に関する通則法三条の特別法に当たるとか、③民法九十二条は、法の適用に関する通則法三条のいう「法令の規定により認められたもの」のひとつであるとする考え方などがそれです。いずれにしても、法の適用に関する通則法三条の慣習法とは区別して、民法九十二条が規定する慣習のことを「事実たる慣習」と呼んでいます。

「解釈」する必要性

話が前後してしまいましたが、そもそも「解釈」というのはどんな作業なのでしょうか。法令というのは、社会のなかで起こった具体的な事件に当てはめられてはじめてその効力を生じます。この法令の規定の当てはめを「適用」といいます。ただ、条文の内容を文字や文章の意味する上で理解できたとしても、その事件に「適用」できるかどうか不明な場合があります。規定がズバリと書かれていればいいのですが、そもそも、法令はある程度、抽象的な部分があるものです。これは、文字や文章の掛りぐあいの明確さとは別のものです。そして、抽象的な部分が残る場合には、適用に当たって、その規定の意味を明らかにする必要が生じます。これが「解釈」です。たとえば、民法九十条には次のような条文があります。

> ○民法
> （公序良俗）
> 第九十条　公の秩序又は善良の風俗に反する事項を目的とする法律行為は、無効とする。

この条文を読むに当たって、まずは最小限の文理解釈が必要です。文字の掛り方などは注意する必要はなさそうですが、「法律行為」というのは「契約など」と置き換えてもいいとか、「無効」というのはそもそも効力を生じないことだなどと頭に描いて読むことになるでしょう（本当はここでもいろいろと考えなければならないことがありますが…）。そこでだいたいの条文の内容が分かったとしても、この民法九十条を具体的な事件にすぐに当てはめて考えることはできないでしょう。

「公の秩序又は善良の風俗に反する事項」の内容が明らかになっていないからです。「社会秩序や社会道徳に反すること」と置き換えてみたところで具体的な内容はつかまえられません。法違反をいうのであれば、まだ明らかなのですが、「公の秩序又は善良の風俗に反する事項」というのは、そもそも社会の変化や国民の道徳観と結びつくものだからです。その内容は時代とともに変わらないものもあれば、変わるものもあるかもしれません。しかし、それこそが、この条文の「しかけ」なのです。法令、特に法律や条例の規定は、新たな現象や時代に対応する必要があります。制定から時間が経てば、当初は想定していなかった事柄が生じます。法令は、ある程度、抽象化しているからこそ、解釈によって新たな事柄を吸収することができるのです。

簡単にいうと、「AだからB」のように法令の規定が機械的に現実の事件に適用されることは稀です。法令の規定が適用されるに当たっては「解釈」という「いかにも人間らしい行為」が必要となりますし、そうした解釈を前提にした規定ぶりとなっているものなのです。

「解釈」の生じる場所

これまでのことを整理すると、解釈とは「法令を現実の事件に適用させるに当たって、適用させる対象かどうか法令の規定の広がりをいろいろ考える作業」ということができるでしょう。

しかし、本当は「法令の適用と解釈」との関係はもっと複雑です。

裁判官が法令を事件に適用する際のことを思い浮かべてみてください。裁判官が行う作業は、持ち込まれた事件に法令を適用して結論を導く行為そのものです。単純化すれば、その行為はこんな手順で行われるはずです。①事実を認定する、②適用法令を探す、③法的な結論を導き出す。上で述べた話は、①が固まった上で、②から③に至る場面での解釈を想定しています。探し出した法令の規定をどう適用させるかという場面です。ところが、実際は、①の事実を認定する場合においても解釈というものが行われる余地があります。具体的な例でお話ししましょう。

届出義務発生から半年後に行われた届出が「遅滞なく届出をしなければならない」との規定との関係

〔図１〕

法の適用過程でのステージ	「解釈」の対象となる事項	「解釈」すべき事柄（例）
事実認定における「解釈」	「半年後に届出がなされた」ととらえていいのか	・郵送でした届出が郵便局のミスで配達されるまでかなりの時間を要した ・一度、届出をしようと窓口に提出したのだけれど記載に不備があり補正を求められたまま鞄にしまって忘れていた
規定の適用における「解釈」	「遅滞なく」届出したかどうか（「正当な理由」の有無の検討）	・大災害にあって届出どころではなかったら、その状況

で問題となり、罰則をめぐって裁判で争われたとします。『新法令用語の常識』三五頁でも触れましたように、「遅滞なく」という語には「正当な理由に基づく遅れが許される」ニュアンスがあります。ですから、たとえ、届出が半年後になされたとしても、その「遅れ」に「正当な理由」があるがどうかが検討されることになります。もしかしたら、その過程で「大災害にあって届出どころではなかった。」という事情が明らかになるかもしれません。これは「遅滞なく」に当たるかどうか、その解釈がなされているといえます。ただ、その前に、あるいはそれと同時に届出をめぐる事実認定がされることでしょう。もしかしたら、「郵送での届出が郵便局のミスで配達されるまでかなりの時間を要した。」というようなことがあったかもしれません。また、「一度、届出をしようと窓口に提出したのだけれど記載に不備があり補正を求められたまま鞄にしまって忘れていた。」ということがあったかもしれません。こんな場合、「届出義務発生から半年間、届出が行われなかった。」ととらえていいのかどうかという前提問題がありま

す。

こう考えてみると、解釈というのは具体的な事件に法令の規定を適用しようとする全体で行われていることが分かります。

「スイカ割りをする」といったとき、スイカめがけてこん棒を振り下ろす行為ばかりをいうのではなく、スイカやこん棒を用意して場所をセッティングし、スイカを割る予定の人に目隠しをすることも「スイカ割り」に含まれるでしょう。さらに、不細工に割れたスイカをみんなでほおばることもやはり「スイカ割り」なのです。

具体的な事件のなかから、法律の規定の適用に関する「事実」を切り出してきて認定し、いくつか関連しそうな法令の規定があるならそのなかから適用すべき法令の規定を選び出し、その「事実」に適用して、法的な結論を導く。それが「解釈」といえそうです。

「いかにも人間らしい行為」の正体

さらに、「解釈」について、もうひとつ。解釈というのは、法令の規定を適用させて機械的に結論が出るものではなく、「いかにも人間らしい行為」によって結論が導かれるといいましたが、この「いかにも人間らしい行為」の正体です。

誤解をおそれないで言うと、法令をめぐる実務においての解釈は「妥当と思われる結果」を法令の趣旨などからめぼしをつけておき、それから逆算して、法令の規定による裏付けができる説得的な論理を探すというような面があります。

林修三氏は法令の解釈をこう説明しています。「大きく分けてこの文理解釈と論理解釈の二つの方法があるわけであるが、この二つの方法を、場合場合に応じて適切に配合して、それぞれの法令の規定の文字や文章の意味を考え、それをその規定全体、あるいは法令全体の趣旨に照らし、さらには、その法令の背後にあるいろいろの社会的、経済的、政治的諸条件に照らしつつ明らかにし、また、同時に結果の妥当性、つまり、社会における正義と公平の観念ないし公共の福祉に合致するかどうかということを検証しながら、具体的なある特定の問題にその法令の規定をどういうふうにあてはめ適用するのが最も正しいかということを判断し決定するのが、法令の解釈の仕事である。」林修三『法令解釈の常識』一〇・一一頁。

法律の目的などにも目配せしながら論理的な筋道を立てて解釈する方法を「論理解釈」といいますが、「文理解釈」ばかりでなく「論理解釈」が必要であることも、また、社会における正義と公平の観念などについてのすぐれた感覚（これが「リーガルマインド」と呼ばれるものです。）が必要であることも、林修三氏の説明からはよく理解することができます。

法令の解釈は誰がどんな場合に行うのか

[1] 裁判所による解釈

法令の解釈は誰が行うのか。「答え」を最初から言ってしまうと、それは裁判所です。法令の最終的な解釈権は裁判所にあります。ただ、裁判所が法令の解釈を行う場合は限られています。裁判所は必要な範囲でしか「法令の解釈」ができない存在だからです。

まず、裁判所は具体的な事件を離れて法令を解釈することはありません。判例付きの六法を引くと、民法や刑法などの各条文にはたくさんの関係する判例が掲載されていますが、これは、それらの条項をめぐって、たくさんの事件が存在した証です。裁判所に持ち込まれるような事件が少ない法律や条項では、当然、判例の集積もなされないことになります。

さらにいえば、裁判所に事件が持ち込まれたとしても、裁判所が肝心な法令の解釈を行わない場合もあります。裁判所の権限を示した裁判所法の条文には次のようにあります。

> ○裁判所法
> 第三条（裁判所の権限）　裁判所は、日本国憲法に特別の定のある場合を除いて一切の法律上の争訟を裁判し、その他法律において特に定める権限を有する。
> ②・③　略

つまり、裁判の対象は原則として「法律上の争訟」に限られるのです。有名な「板まんだら事件」判決（最判昭和五六・四・七）では、この「法律上の争訟」の意味を次のように判示しています。

裁判所がその固有の権限に基づいて審判することのできる対象は、裁判所法三条にいう「法律上の争訟」、すなわち当事者間の具体的な権利義務ないし法律関係の存否に関する紛争であつて、かつ、それが法令の適用により終局的に解決することができるものに限られる（略）。したがつて、具体的な権利義務ないし法律関係に関する紛争であつても、法令の適用により解決するのに適しないものは裁判所の審判の対象となりえない、というべきである。

簡単にいえば、具体的な権利義務に関するトラブルがあり、しかも、そのトラブルが法令を適用して解決できるものでなければ、裁判所は相手にしてくれない（却下される）というわけです。

実際は「法律上の争訟」でありながら、事件の性格上、裁判所の審査に適しないと裁判所が判断するものもあります。いわゆる統治行為とされる行為（直接国家統治の基本に関する高度に政治性のある国家行為）、国会や内閣の自律権に関わる行為、地方議会や大学など部分社会内部のことなどがこれに当たります。

このように考えてみると、裁判所が最終的な法令の解釈権を有するといっても、すべての法令の条項について解釈を示す機会があるわけではないということができます。

［2］ 行政解釈

法令の最終的な解釈権者は裁判所だとしても、法令の解釈を行うのは裁判所だけではありません。たとえば、行政が解釈することもあります。

法令はある程度、一般的、抽象的な定め方をしているものです。行政はそうした法令を執行する以上、一定の解釈を前提にしないと仕事になりません。政省令などの行政立法はもちろんですが、このことは法律や条例についてもいえます。裁判所の確定的な解釈が示されている部分はそれに従うにしても、そうでない部分は、自ら解釈をした上で執行するしかないのです。こうした行政による解釈のことを最終的な解釈ではないという意味も込めて「行政解釈」といいます。

もとより、行政解釈はその行政機関限りの解釈であり、立法府を拘束するものでもなければ、裁判所を拘束するものでもありません。ただ、直属の下級行政機関に対して影響を及ぼすのみです。そう考えると、行政解釈の効力など「たかがしれたもの」ということになりますが、実際はそうでもありません。

行政は法令を執行することで国民や住民の権利を制限したり、義務を課したりする立場に立つことがあります。行政解釈はいわばその執行を支えるものです。もちろん、不服申立てや取消訴訟などが起こされ、その処分などを支えた行政解釈の誤りが正されることもあるでしょう。しかし、全体からすればそうしたケースは稀で、それ以外の「何事もない」場合には、国民や住民に行政解釈に基づいてなされた処分などの効力が押しつけられる結果となります。ですから、実際は、行政解釈はかなり大手を振って流布されているる解釈といえるのです。なお、法令を執行する行政機関の解釈を「有権解釈」ということがあります。有権解釈とは、解釈する権限の有する者の解釈という意味なのですから、本当なら、裁判所の行う解釈を指すはずです。ところが、法令の執行には、その法令の解釈が欠かせないことから「第一次的な解釈権を持った者の解釈」という意味で、行政の解釈は有権解釈とも表現されます。

[3] 行政解釈が示されるチャンネル

行政解釈はいろいろなチャンネルで示されます。いかにも現代風といえるのが、各省庁のウェブサイト上で披露される「○○法逐条解説」や「Q&A」です。法の内容を普及させるとともに、関係する国民(企業)に法執行の予測性を持ってもらおうということなのでしょう。しかし、そこに示された逐条解説などは学問的なそれではなく紛れもなく行政解釈といえます。

法令適用事前確認手続(ノーアクションレター制度)による行政の回答からも行政解釈を知ることができます。民間企業が新たな形で事業を行う際にはそれが法令に触れるものでないかどうかたいへん気をもみます。そこで行政処分の権限を持つ行政機関に行おうとする事業や取引が法違反にならないかどうか確認する手続が整備されました。これが法令適用事前確認手続です。「行政機関による法令適用事前確認制度の導入について」(平成十三年三月二十七日閣議決定)に基づいて、各省庁において行われ、その回答は原則的に各省庁のウェブサイト上に掲載されます。

たとえば、「刈り込みに併せて、色やウエーブ等の加工を施した人毛や人工毛の束を毛髪につけ、容姿を整える行為が、理容師法第一条の二第一項にいう『理容』に該当するか否か」という照会に対して、厚生労働省健康局生活衛生課長は次のような回答しています。

> 1 回答
> 照会のあった行為については、照会の対象となった法令の条項の適用の対象となる。

2　照会のあった行為が照会の対象となった法令の条項の適用の対象となることに関する見解及びその論拠

理容師法（昭和二二年法律第二三四号）第一条の二第一項にいう「理容」とは、「頭髪の刈込、顔そり等の方法により、容姿を整えることをいう」である。この「等」に含まれる方法はどのようなものかは、同項の例示の趣旨に照らし、かつ、その行為の目的や形態から判断すべきものである。

本件行為は、容姿を整えることを目的とし、その形態も同項の例示とされている「頭髪の刈込」と併せて行うものであることから、同項にいう「理容」の範囲に含まれると解する。

（健衛発第０１２０００１号　平成十六年一月二十日）

「質問と回答」という方式で行政解釈を明らかにする方法としては、古くから、地方自治や労働などの行政分野における「行政実例」が挙げられます。行政機関が法令の適用などに関する疑義を上級行政機関や関係する行政機関に尋ね、上級行政機関などがこれに回答する形式などで解釈の方向性を示したものです。行政実例の多くは、六法の注記や市販の逐条解説などを通じて確認しなければならないということがあります。

実例（昭和三七・三・一三　地自行発第八十三号　山梨県総務部長宛　行政課長回答）

問　議会に提出する請願に対し会議規則において紹介議員二人以上を必要とする旨規定することは第百二十四条の趣旨に反するか。

答　お見込みのとおり。

※地方自治制度研究会編『新訂注釈地方自治関係実例集』（ぎょうせい）三七六頁を基に作成。
地方自治法百二十四条には「請願しようとする者は、議員の紹介により請願書を提出しなければならない。」とあります。

行政解釈を示す伝統的な方法としては、解釈に関する通達を出す方法があります。こうした通達を「（法令）解釈通達」といいます。通達というのは、上級行政機関が下級行政機関に出す命令や指示のことです。解釈通達には、問題となった個別の条項の解釈を明らかにするものもあれば、法令の制定や改正の機会に出される「○○法（○○法の一部を改正する法律）の施行について」のような一体的な通達もあります。

通達として法令の解釈が示されれば、下級行政機関はこれに従う義務が生じます。つまり、解釈通達には、法令の執行のバラツキをできるだけ防ごうとする狙いがあります。とくに権利制限などが問題となる行政については裁量権の行使も含めてバラツキを防ぐというのはたいへん重要なことです。税務行政がたくさんの通達に基づいて行われていることも、決して望ましいとはいえませんが、しかたがない部分もあります。

国の場合には、国会法に基づいて、議員から内閣になされた質問主意書に答えるという方法で解釈が示される場合もあります。

○国会法
第七十四条　各議院の議員が、内閣に質問しようとするときは、議長の承認を要する。
②　質問は、簡明な主意書を作り、これを議長に提出しなければならない。
③・④　略
第七十五条　議長又は議院の承認した質問については、議長がその主意書を内閣に転送する。
②　内閣は、質問主意書を受け取った日から七日以内に答弁をしなければならない。（以下、略）

質問主意書に対する答弁書は閣議決定を経て内閣として作られます。質問主意書では、世間で大きく問題となっている事柄がタイムリーに取り上げられることも多く、そうした問題への行政の法的解釈を知ることができます。質問主意書と内閣の答弁書の内容は衆議院・参議院のウェブサイト上で確認することができます。

身体障害者補助犬法に関する質問主意書
　身体障害者補助犬法（略）第七条は国等が管理する施設において身体障害者補助犬の同伴を拒んではならない旨を規定し、「等」がどのような主体を含むかは同法施行令（略）第一条が規定している。しかしながら、同法施行令第一条第三項は「特別の法律により設立され、かつ、その設立に関し行政官庁の認可を要する法人」とするのみで、具体的にどのような法人格が該当するのか不明瞭である。そこで以下の通り質問する。

一　同法は第八条で公共交通機関における身体障害者補助犬の同伴について規定しているが、わざわざそれと分ける形で同第七条において「国等」の責務を規定した趣旨は何か。
（以下、略）

衆議院議員阿部知子君提出身体障害者補助犬法に関する質問に対する答弁書
一について
お尋ねは、議員立法の内容に関する事項であり、立法趣旨の詳細は必ずしも明らかではないが、政府としては、身体障害者補助犬法（略、以下「法」という。）においては、法第七条第一項に規定する国等（以下「国等」という。）に対しては、その管理する施設を身体障害者が利用する場合に加え、国等の事業所等に勤務する身体障害者が当該事業所等において身体障害者補助犬を使用する場合及び国等が管理する住宅に居住する身体障害者が当該住宅において身体障害者補助犬を使用する場合について、身体障害者補助犬の同伴を拒んではならない義務を課している一方、法第八条に規定する公共交通事業者等（以下「公共交通事業者等」という。）に対しては、その管理する旅客施設等を身体障害者が利用する場合について、当該義務を課しており、国等と公共交通事業者等では、課される義務の内容が異なることから、条項を分けて規定しているものと理解している。
（以下、略）

[4] 行政解釈の統一と内閣法制局

質問主意書には、複数の省庁にまたがる質問事項もあり、その際には関係省庁の調整を経た上で、内閣の統一見解として回答が行われます。内閣の統一見解として法令の解釈が示されるとき、重要な役割を果たすのが内閣法制局です。長らく内閣法制局長官を務めた林修三氏は法令の解釈における内閣法制局の役割について次のように述べています。少し長くなりますが引用します。

「内閣法制局設置法第三条第三号によれば、内閣法制局は、『法律問題に関し内閣並びに内閣総理大臣及び各省大臣に対し意見を述べること』という権限が与えられており、これに基づいて、憲法をはじめ重要な法令の解釈について、内閣ならびに内閣総理大臣および各省大臣の求めに応じて、その意見を述べ、政府部内の法令解釈の統一を図ることに役立たせることになっているのである。こういう職務権限に基づいて、国会などで、政府部内の法律問題に関する答弁がくいちがって、内閣の統一解釈が求められるというような場合には、内閣法制局が、その統一解釈の作成について主働的な役割を果たしているのである。なお、同じく国会で政府の憲法解釈が質問される場合には、そういう憲法解釈については、常に、内閣法制局が、その補佐の役をすることになっている。もちろん、内閣法制局は、こういう国会における政府答弁の統一または補佐ということだけについて働くのではなく、その他の面、すなわち、内閣または各省庁等の行政執行の過程において生じた法令解釈上の疑点について解釈的意見を述べることが、その仕事の大きな分野を占めている。」林修三『法令解釈の常識』八七頁

内閣法制局の法制意見が、政府部内の法令解釈の統一に大きな役割を果たしていることには間違いがありません。ただ、これもまた行政解釈のひとつであり、裁判所や一般の国民を拘束するものではあり

ません。もっといえば、組織法的には内閣の法律顧問的な立ち位置にある内閣法制局には、関係行政機関さえ直接、拘束する力を持っていないのです。内閣法制局の意見は内閣の意見として取り入れられることにより、内閣総理大臣の行政各部への指揮監督権限を通じて、内閣の統括下にある行政各部に対する訓令的な効果を持ち得ることになります。時の政権の知恵袋として難しい法律問題の解決策を編み出してきた内閣法制局ですが、政権交代などによる政治的スタンスのふり幅が大きくなるとやや置いてきぼりになる状況も見られるようです。しかし、政策のスタッフではなく、法律顧問的なその役割から考えると、法的な安定性を追求する姿勢はしごく当然なことでしょう。

[5] 法令で解釈権を与えられた行政機関

行政解釈については、内閣法制局のほかにも、法律上、一定の範囲での法令の解釈権を与えられた行政機関があります。会計検査院や人事院がそれです。会計検査院法では、会計検査院に省庁の枠を超えて会計事務に関する法解釈などの意見表明権を与えています。また、人事院にも「一般職の職員の給与に関する法律」や「国家公務員災害補償法」に関して、「法律の実施及びその技術的解釈に必要な人事院規則を制定し、及び人事院指令を発する」権限が与えられています（一般職の職員の給与に関する法律二条一号、国家公務員災害補償法二条二号）。専門的な行政機関であり、かつ、内閣から独立性のある機関ゆえの権限と理解できます。

○会計検査院法
第三十七条　会計検査院は、左の場合には予めその通知を受け、これに対し意見を表示することができる。

一　国の会計経理に関する法令を制定し又は改廃するとき

二　国の現金、物品及び有価証券の出納並びに簿記に関する規程を制定し又は改廃するとき

②　国の会計事務を処理する職員がその職務の執行に関し疑義のある事項につき会計検査院の意見を求めたときは、会計検査院は、これに対し意見を表示しなければならない。

[6]　行政解釈の限界

最終的な法令の解釈権が裁判所にあることから、行政実例や解釈通達に従ってなされた処分などが違法とされることもあります。行政実例で自治体議会の議決は不要とされていたケースにつき、地方自治法の規定に基き議会の議決を必要であるとした判例があります（最判昭和五九・五・三一）。また、国外に住居地を移した場合に被爆者援護法等による健康管理手当の支給を打ち切ることを定めた通達を違法なものとした上で出された判決（最判平成一九・二・六）もあります。

立法過程における解釈

[1]　立法者意思とは

解釈を行う主体には議会もあります。

成立した法律のうち七、八割を内閣提出法律案が占めています。また、条例は極めて稀な例外を除い

てほぼ一〇〇％近くが執行部提案です。こうした状況から、法律や条例の内容は解釈も含めて提案前からできあがっているという人がいるかもしれません。しかし、議会の審議は単なる通過儀礼ではありません。議員立法や議会で修正がなされる場合はもちろんですが、そうでない場合であっても、提案時の解釈は議会がその審議を経て、「了」とすることで、議会の解釈に塗り替わったということができるのです。

立法過程で示された解釈のことを「立法者意思」といいます。議会は法律などを作る権限があるのですから「このようなつもりで制定した」という意味でそう呼ぶのでしょう。

そもそも、何を指針として法令の解釈をするべきかについては、立法者意思を指針とすべきとする「立法者意思説」と、法令から客観的に読みとったところを指針とすべきとする「法律意思説」の対立があります。なるほど、法令を執行するために行政解釈が必要であると同様に、解釈なくして立法することなどあり得ません。ただ、立法者意思のみで解釈を押し通すのには無理があります。立法者意思は法令の解釈に当たって重要な指針を示すものですが、「それは決して絶対的なものでなく、法規は立法者の手をはなれれば客観的な存在となるのであるから、必ずしも立法者の意思にとらわれず、法規そのものをもととして解釈をしていかなければならない。」（伊藤正己・加藤一郎編『現代法学入門　第四版』七五頁）といえるからです。

[2] 立法者意思が示される場面

立法者意思が一番示される場面は議会での審議です。それは会議録を通じて確認することができます。以前は閲覧できる場所が限られていた国会会議録ですが、現在では国立国会図書館のサイト（国会会議録検索システム）において自由に見ることができ、検索もたいへん便利になりました。また、自治体議会の会議録についても同様な環境が整えられつつあります。

研究者からも「立法者意思はこうだった」というようなことがよく言われるようになりましたが、その背景にはこうした環境の変化があるのかもしれません。

ただ、立法者意思というものはあいまいなところもあります。議会の解釈は多数決の原理によって示される部分があるからです。たとえば内閣提出法案に反対する議員が条文解釈を国会で開陳したとしてもその解釈は多くの議員の賛同を得られないかもしれません。その一方で、同じ反対する議員の質疑に答える形で示された政府参考人の答弁は与党＝議会多数派の考え方に沿うものとして立法意思を示したものと評価されることもあります。このような場合、提案者である政府の解釈が立法者意思として評価されたわけではなく、あくまでも議会の多数により「了」とされたからこそ立法者意思と評価できるわけです。

また、法案に賛成する与党議員が質疑をすると「提灯（ちょうちん）質問」などと揶揄することがありますが、これも立法者意思を残すという点からは無意味なものではありません。解釈をはっきりさせ

〔図２〕

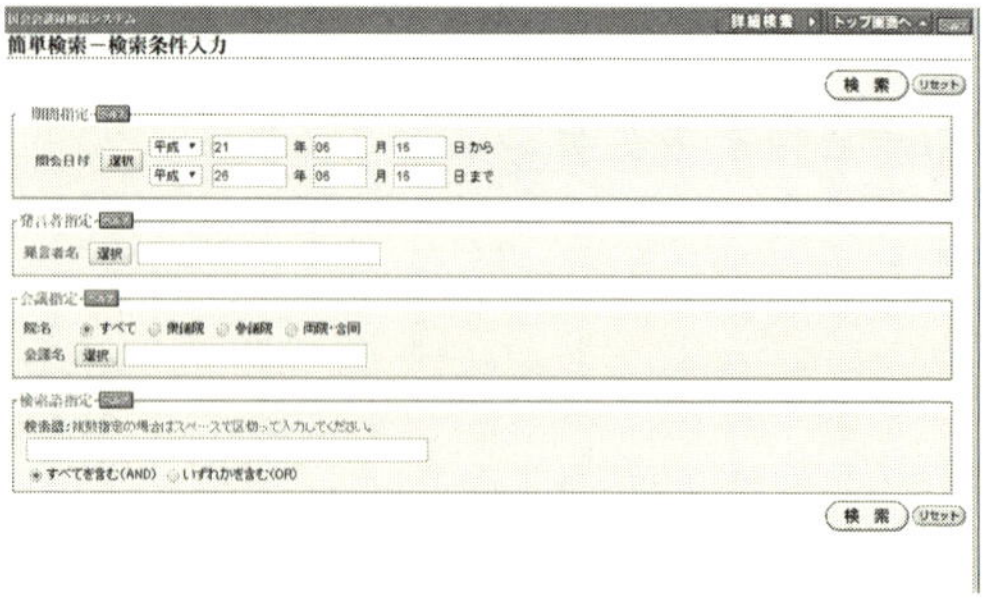

国立国会図書館「国会会議録検索」
検索条件入力画面

ておきたいことを敢えて政府参考人に質疑し、会議録に残すということもあるからです。

立法者意思を読み取るチャンネルには審議会の会議録もあります。一定の分野の法令の制定や改正などについては法令で特定の審議会の調査審議を経るべきものとされています。こうした審議会の審議内容はかなり具体的で、法律案の骨格が諮問される場合も多くあります。そうした審議会での考え方が、提出される法律案の解釈に影響を及ぼし、国会の審議を経て「立法者意思」となることもしばしばです。審議会での考え方を「立法者意思」とするのは少し違和感があるかもしれませんが、こうした過程から立法者意思に近いものととらえることもできそうです。

法規的解釈の方法

[1] 定義規定

これまで述べてきたのは、条文に込められた「隠された真意」とでもいうべきものが立法者により示される場合といえるでしょう。次に紹介するのは、立法者がその解釈を条文自体に書き込む場合です。こうしたやり方を「法規的解釈」といいます。立法者自身が「こう解釈すべきである」と書き込むわけですから、行政府はもちろん、裁判所においてもよほどのことがない限り尊重せざるを得ません。

法規的解釈を示す書き方はいろいろあります。普段、条文を読む中で目にするあの規定もこの規定も実は法規的解釈を示したものだったりします。

ポピュラーなものとして「定義規定」があります。日常生活で使われる意味と違う意味で使われる言葉や、その法令のなかで特に重要な言葉などの意味を明らかにするのが定義規定です。定義規定を置くことで、立法者は読み手の解釈の幅を狭め、立法者の意思に基づいて法律を読んでもらうことができます。

たとえば、銃砲刀剣類所持等取締法では、規制対象とする「鉄砲」を以下のように定めています。

○銃砲刀剣類所持等取締法

（定義）

第二条　この法律において「銃砲」とは、けん銃、小銃、機関銃、砲、猟銃その他金属性弾丸を発射する機能を有する装薬銃砲及び空気銃（圧縮した気体を使用して弾丸を発射する機能を有する銃のうち、内閣府令で定めるところにより測定した弾丸の運動エネルギーの値が、人の生命に危険を及ぼし得るものとして内閣府令で定める値以上となるものをいう。以下同じ。）をいう。

2　略

いわゆる「定義規定」でなくとも、条文中に使用される言葉の意味を（　）書きで定義する方法もあります。こうした方法による「定義」も法規的解釈のひとつです。単に言葉を定義するものもあれば、通常の言葉の意味にさらなる意味を「加えたり」、反対に「除いたり」することもあります。

○行政事件訴訟法

（抗告訴訟）

第三条　略

2　この法律において「処分の取消しの訴え」とは、行政庁の処分その他公権力の行使に当たる行為（次項に規定する裁決、決定その他の行為を除く。以下単に「処分」という。）の取消しを求める訴訟をいう。

3～7　略

（原告適格）

第九条　処分の取消しの訴え及び裁決の取消しの訴え（以下「取消訴訟」という。）は、当該処分又は裁決の取消しを求めるにつき法律上の利益を有する者（処分又は裁決の効果が期間の経過その他の理由によりなくなつた後においてもなお処分又は裁決の取消しによつて回復すべき法律上の利益を有する者を含む。）に限り、提起することができる。

2　略

[2]　解釈規定

法規的解釈に、解釈の方向性を積極的に示す方法として「解釈規定」があります。解釈規定には民法二条や地方自治法二条十二項のように解釈すべき方向性などを示すものもあれば、「無差別大量殺人行為を行った団体の規制に関する法律」二条のように、一定の解釈を禁じる旨の規定もあります。

○民法
（解釈の基準）
第二条　この法律は、個人の尊厳と両性の本質的平等を旨として、解釈しなければならない。

○地方自治法
第二条　①～⑪　略
⑫　地方公共団体に関する法令の規定は、地方自治の本旨に基づいて、かつ、国と地方公共団体との適切な役割分担を踏まえて、これを解釈し、及び運用するようにしなければならない。この場合において、特別地方公共団体に関する法令の規定は、この法律に定める特別地方公共団体の特性にも照応するように、これを解釈し、及び運用しなければならない。
⑬～⑰　略

○無差別大量殺人行為を行った団体の規制に関する法律
（この法律の解釈適用）
第二条　この法律は、国民の基本的人権に重大な関係を有するものであるから、公共の安全の確保のために必要な最小限度においてのみ適用すべきであって、いやしくもこれを拡張して解釈するようなことがあってはならない。

また、解釈規定には特定の条項の解釈に関するものも存在します。よく目にする次の規定もそうした解釈規定のひとつです。

○ＰＴＡ・青少年教育団体共済法
（立入検査）
第十八条　１・２　略
３　第一項の規定による立入り、質問又は検査の権限は、犯罪捜査のために認められたものと解してはならない。

さらに、珍しい例も紹介しておきましょう。

平成十六年改正の際、行政事件訴訟法九条二項として次のような解釈規定が置かれました。取消訴訟などについての原告適格を広く認め始めた裁判所の姿勢を後戻りさせないという立法者の思いが込められています。解釈規定を見慣れた者にとっても、裁判所の解釈に注文をつける規定は驚きでした。

○行政事件訴訟法
（原告適格）

第九条　略

2　裁判所は、処分又は裁決の相手方以外の者について前項に規定する法律上の利益の有無を判断するに当たつては、当該処分又は裁決の根拠となる法令の規定の文言のみによることなく、当該法令の趣旨及び目的並びに当該処分において考慮されるべき利益の内容及び性質を考慮するものとする。この場合において、当該法令の趣旨及び目的を考慮するに当たつては、当該法令と目的を共通にする関係法令があるときはその趣旨及び目的をも参酌するものとし、当該利益の内容及び性質を考慮するに当たつては、当該処分又は裁決がその根拠となる法令に違反してされた場合に害されることとなる利益の内容及び性質並びにこれが害される態様及び程度をも勘案するものとする。

その他の法規的解釈の方法

その他の法規的解釈を示す規定としては「目的規定」、「趣旨規定」があります。目的規定は、その名の通りその法令の目的を規定するものです。ひとつひとつの条文を解釈する際の「枠」になります。

○行政手続法

（目的等）

第一条　この法律は、処分、行政指導及び届出に関する手続並びに命令等を定める手続に関し、共通する事項を定めることによって、行政運営における公正の確保と透明性（行政上の意思決定について、その内容及び過程が国民にとって明らかであることをいう。第四十六条において同じ。）の向上を図り、もって国民の権利利益の保護に資することを目的とする。
2　略

「趣旨規定」はその法令の概略を示したものです。目的規定ほど「指針度」は高くありませんが、その法律がある法律の特別法（特例）に当たることなどその法律の性格や位置付けを理解するのに役立つことがあります。また、法規的解釈の示し方としては「前文」による方法もあります。

○外国等に対する我が国の民事裁判権に関する法律
（趣旨）
第一条　この法律は、外国等に対して我が国の民事裁判権（裁判権のうち刑事に係るもの以外のものをいう。第四条において同じ。）が及ぶ範囲及び外国等に係る民事の裁判手続についての特例を定めるものとする。

私人も解釈する

裁判所、行政、議会と解釈の主体を取り上げてきましたが、解釈するのはこれらにとどまりません。

たとえば、大学の教員などの研究者です。「この規定はこう解釈すべきだ！」などと研究の成果として世の中に問うことがあります。「岡目八目」などという言葉がありますが、法の適用や執行に関して当事者ではないだけに、判例にも行政の都合にもとらわれない解釈ができるものです。これまでの解釈への批判を出発点にして、その後の判例や行政解釈に大きな影響を及ぼす「一歩先行く解釈」を示すことも少なくありません。

さらにいえば、一般の私人の間でも当然のように法令の解釈は行われています。たとえば、契約を結んだという場合には、その契約内容について法令に照らして解釈するでしょうし、ある法令の規定に基づいて許可申請しようとする場合には、その法令の規定につき自分なりに解釈して行うはずです。込み入った案件や訴訟などの場合には、弁護士などの法律専門職に助けてもらうことも多いでしょう。これでさえ、自らの解釈を助けてもらっているといえるわけです。こう考えると、権限があるとかないとか、必要があるとかないとかは別にして、法令の条文の意味を読み解くということは、とりもなおさず「解釈する」ということにほかならないといえます。

第二　解釈の種類

文理解釈と論理解釈との関係

解釈の種類についてです。法令の解釈には、まず「法規的解釈」と「学理的解釈」があります。法規的解釈はすでに触れたように、法令それ自体が示す解釈のことです。学理的解釈は第三者が行う解釈をいいます。一般に、ただ「解釈」という場合には、この学理的解釈を指すことも多いものです。

その学理的解釈は「文理解釈」と「論理解釈」に分かれます。法令の規定を文字や文章の意味するところを中心に解釈するのが文理解釈ですが、論理解釈は、条文の意味に従って解釈する方法です。法令が達成しようとする目的やあるべき趣旨から解釈する面があることから「目的論的解釈」と呼ばれることもあります。

論理解釈の種類

ここまで読んで「うんざり」した読者もあることでしょう。たくさんの魚の名前を覚えたところで、魚がうまく釣れるようになるわけではありません。同じようにいくら解釈の名前を覚えてみても解釈の腕が上がるように思えないかもしれません。

ただ、良いこともあります。魚の名前を覚えると釣りが楽しくなります。解釈の種類を知ると、解釈の実例などの説明を理解しやすくなりますし、逐条解説などを読む際に、どの解釈をとっているのか気になってきます。結果として解釈についての理解が深まるということがあります。もう少し解釈の種類の話を続けます。

〔図3〕

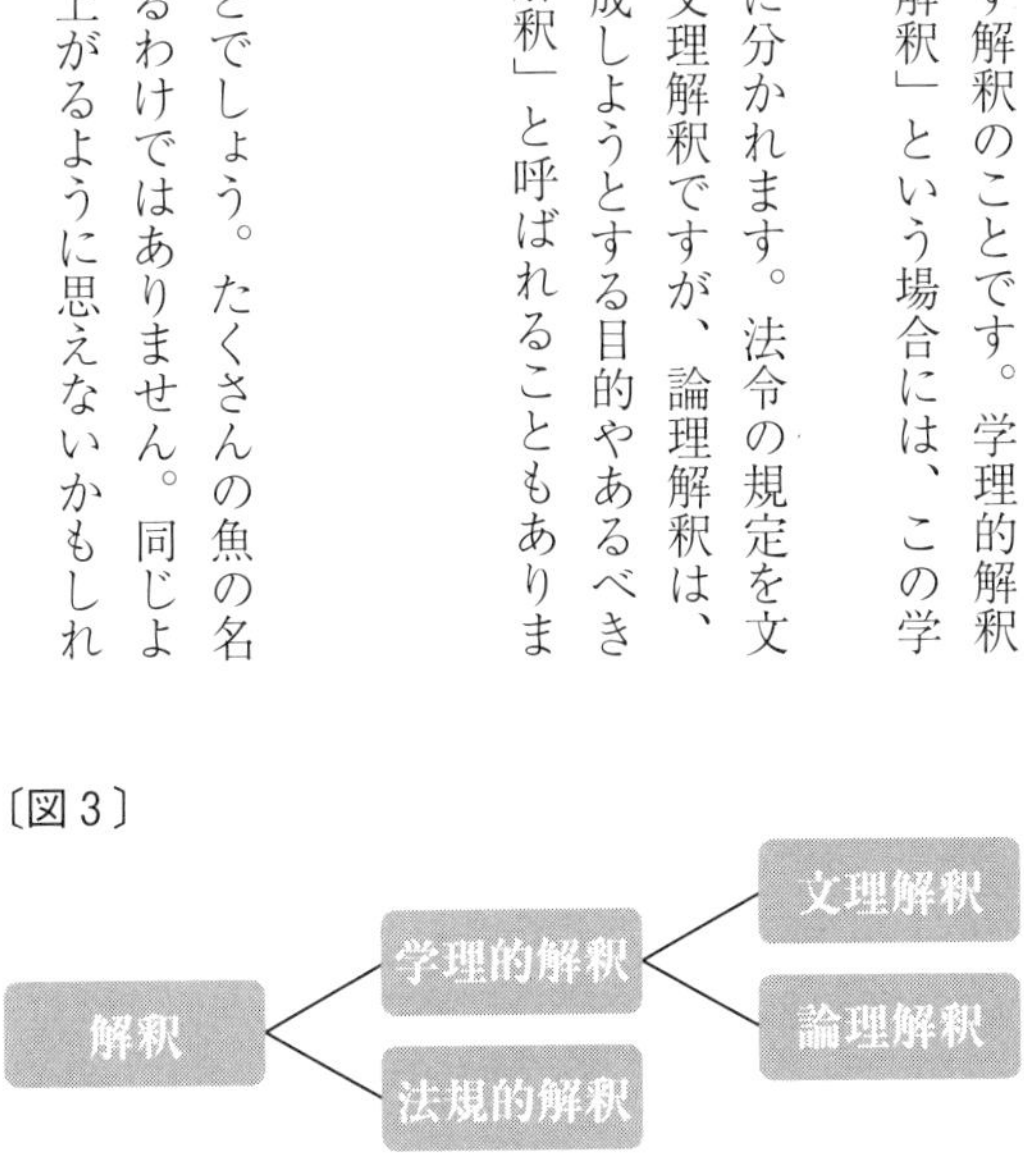

〔図４〕

文理解釈		「電車の窓から手を出してはいけない」と文字どおり捉える
論理解釈	拡張解釈	様々な事故につながる危険性を踏まえて「電車の窓から体の一部を出してはいけない」と文言より広く解釈する
	縮小解釈	窓に手が挟まらないようにする注意書きと理解して「電車の窓から手の先を出してはいけない」と狭めて解釈する
	変更解釈	たとえば、駅に「汽車の窓から手を出してはいけません」との古い貼り紙が残っている場合なら「汽車」を「電車」に変更して解釈する
	反対解釈	「『手を出さないでください』とあるのだから、足は出していいのだろう」と解釈する
	類推解釈	「『手を出さないでください』とあるのだから、窓から荷物などを出してもいけないのだろう」と解釈する

論理解釈にも実はたくさんの種類がありま す。その種類は図４のようなものです（書籍によって微妙に解釈の名称が異なることがあります。また、同時に複数の解釈の種類に分類できることもあります。）。

図４では、駅に貼られた「電車の窓から手を出してはいけません」の注意書きを例にして、それぞれの解釈例を掲載しました。この例の場合には、どんなに理屈を重ねたとしても反対解釈はとれないことでしょうが、「もし反対解釈をしたら…」という意味で一応、反対解釈での解釈例も掲載しています。

論理解釈の実例

それぞれの解釈についてイメージができたところで、次は解釈の実例を見てゆきましょう。これまで接してきた条文の意味は、判例などによって一定の解釈がなされた結果であることに気が付くはずです。

［1］ 拡張解釈

拡張解釈は法令の規定の文字を普通、意味するところよりいくらか広げて解釈する方法です。

拡張解釈の例として、しばしば挙げられるのが刑法三十八条三項の規定です。

> ○刑法
> （故意）
> 第三十八条　1・2　略
> 3　法律を知らなかったとしても、そのことによって、罪を犯す意思がなかったとすることはできない。ただし、情状により、その刑を減軽することができる。

この場合の「法律」というのは、法令のうち、国会が制定する法律だけを指すのではなく、政省令や自治体の条例をも含むものと解釈されなければなりません。

次は憲法における例です。

条例が自治体議会という民主的な基盤を持つものであることなどから、一般に、憲法二十九条二項、憲法三十一条（適正手続の保障）、八十四条（租税法律主義）の条文における「法律」は「条例を含む」趣旨で解釈すべきとされています。

○憲法
第二十九条　略
②　財産権の内容は、公共の福祉に適合するやうに、法律でこれを定める。
③　略

[2]　縮小解釈

縮小解釈は、拡張解釈の逆で、法令の規定の文字を普通、意味するところよりいくらか狭めて解釈する方法です。縮小解釈すべき例として誰もが知っているのが民法百七十七条の「第三者」についてでしょう。

第三者というのは、当事者以外の者のことです。条文上では、その第三者には何ら限定が加えられていません。ところが、この「第三者」は、「登記の欠缺を主張する正当な利益を有する者」に限るとされています（大連判明治四一・一二・一五）。条文どおりに解釈すると、不法占拠者、詐欺や強迫によって登記申請を妨げた者、背信的悪意者まで「第三者」に含まれることになります。これらの者に対してさえ、登記がない限り、物権変動を主張できないというのはおかしなことです。そこで縮小解釈がなされているわけです。

〇民法
（不動産に関する物権の変動の対抗要件）
第百七十七条　不動産に関する物権の得喪及び変更は、不動産登記法（略）その他の登記に関する法律の定めるところに従いその登記をしなければ、第三者に対抗することができない。

もうひとつ民法で縮小解釈すべきとして知られている条文を紹介しましょう。七百五十四条がそれです。

〇民法
（夫婦間の契約の取消権）
第七百五十四条　夫婦間でした契約は、婚姻中、いつでも、夫婦の一方からこれを取り消すことができる。ただし、第三者の権利を害することはできない。

この条文は夫婦間の契約については道義に任されるべきで、法があまり手を突っ込むべきものではないという趣旨で定められています。そうであるなら、夫婦が道義など期待できない間柄になったとしたら、当然、この条文は適用されなくなります。最高裁も、形の上では夫婦であっても、婚姻が実質的に破たんしている場合には、民法七百五十四条は適用されず、夫婦間の契約を一方的に取り消すことはできないと判断しています（最判昭和四二・二・二）。この判決はいうまでもなく民法七百五十四条の「夫婦」を縮小解釈したものといえます。

[3] 変更解釈

変更解釈は条文の文字を変更して（読み替えて）別な意味に解釈するものです。解釈方法としてはイレギュラーなもので、改正忘れの規定や立法上の誤りの規定について、明らかに別な意味に解釈せざるを得ない場合に行われる解釈手法です。立法技術が未熟だった昔ならいざ知らず、変更解釈が必要な場合というのはあまり望ましい事態ではありません。その意味で、胸を張って紹介できるような事例がありません。ただ、例示の内容についてなのですが、次の場合はそれに近い例といえるかもしれません。

> たとえば、商法は明治三二年（一八九九年）にできた古い法律です。平成一八年五月に改正される前の三十八条二項には「支配人は番頭、手代其の他の使用人を選任又は解任することを得」（原文はカタカナ書き）という規定ありました。前掛け姿の「番頭、手代」がいまどき会社にいたら「びっくり」ですが、部長、課長くらいの意味にとらえて長らくこの条文が使われてきました。「番頭、手代」という文言に使用人の例示以上の意味がないとすれば、とりたてて改正の必要がないと考えたからです。」
>
> 吉田利宏・いしかわまりこ『法令読解心得帖』四九頁

[4] 反対解釈

反対解釈というのは、法令の規定にあることが書かれているとすれば、書かれていないことはその規定に書かれていることの逆の効果が生じるものとして解釈する方法をいいます。説明すると難しくなりますが、ある程度、条文を読み慣れてくると自然に行っている場合も多いことでしょう。

たとえば、民法百四十六条には「時効の利益は、あらかじめ放棄することができない。」という規定があります。この「あらかじめ」というのは「時効完成前に」という意味ですから、「時効の利益の放棄は、時効完成後なら行うことができる。」と解釈できるはずです。これは反対解釈なのです。

少しだけ込み入った例を挙げれば、民法九十六条三項です。民法九十六条は「詐欺による意思表示の取消しは善意の第三者に対抗する事はできないが、強迫による意思表示の取消しは善意の第三者にも対抗することができる。」と理解しているはずです。ところが、この理解の後段の部分は条文のどこを見ても書かれていません。民法九十六条三項の反対解釈として導かれるものだからです。

○民法

（詐欺又は強迫）

第九十六条　詐欺又は強迫による意思表示は、取り消すことができる。

2　相手方に対する意思表示について第三者が詐欺を行った場合においては、相手方がその事実を知っていたときに限り、その意思表示を取り消すことができる。

3　前二項の規定による詐欺による意思表示の取消しは、善意の第三者に対抗することができない。

[5]　類推解釈

類推解釈というのは、似かよった事柄について、一方にだけ規定があり、もう一方には明文の規定がないとき、一方にあるような規定がもう一方にもあるものとして解釈する方法をいいます。また、このように一方にある規定を借りて、もう一方の事柄にもその条文を適用することを「類推適用」といいます。

民法九十九条には次のような条文があります。代理というのはもちろん「本人のためにする」ものです。

○民法
（代理行為の要件及び効果）
第九十九条　代理人がその権限内において本人のためにすることを示してした意思表示は、本人に対して直接にその効力を生ずる。
2　略

ところが、代理人が自分や第三者の利益を図る目的で「代理行為」をし、そして、その代理人の意図を相手方が知っていたり、知り得べき状況にあったとします。このときには、民法九十三条ただし書を類推適用して、本人は責任を負わないものとされています（最判昭和四二・四・二〇）。

民法九十九条一項にも、民法九十三条ただし書のような規定があるのが自然なのですが、それがないため、類推適用することで民法九十三条とのバランスを保っているのです。

○民法
（心裡留保）
第九十三条　意思表示は、表意者がその真意ではないことを知ってしたときであっても、そのためにその効力を妨げられない。ただし、相手方が表意者の真意を知り、又は知ることができたときは、その意思表示は、無効とする。

[6] もちろん解釈

もちろん解釈は、類推解釈のひとつと考えられます。明文の規定がなくとも、他の規定と同様の規定があるように解釈することが、法令の規定の趣旨や目的から当然であるとする解釈方法です。「文句なく類推解釈をとり得る場合の類推解釈をもちろん解釈という」と理解すればいいでしょう。

もちろん解釈の例としてしばしば挙げられるのが、被保佐人や被補助人の婚姻に関する解釈です。民法七百三十八条には次のような規定があります。

○民法
（成年被後見人の婚姻）
第七百三十八条　成年被後見人が婚姻をするには、その成年後見人の同意を要しない。

当事者の意思が特に大切にされる婚姻ですから、精神上の障害の重い成年被後見人についても自らの意思で婚姻することができるものとしています。こうしたことから、精神上の障害が比較的軽い被保佐人や被補助人は当然に、保佐人や補助人の同意を必要とせず婚姻することができると解釈されます。

解釈を知識として伝える難しさ

解釈の方法や種類について見てきました。しかし、今一つ、「腹にたまらない」というか、「実際の解釈にすぐに役立ちそうにない」との思いを抱いたことでしょう。

これまでの説明は、野球でいえば、「シュート」や「カーブ」という球種について説明を受け、「これがシュートです」、「これがカーブです」と投げる様子を見せた程度のことなのです。それぞれの解釈を選択した理由についても少し触れましたので、カーブやシュートのボールの握り方ぐらいは伝えられたかもしれません。しかし、所詮はそれまでです。どのような条文について、どのような場合に、どのような解釈をとるべきかについては示されていないのですから物足りなく感じることも無理はありません。なるほど、カーブやシュートが投げられるようになったとしても、それだけで野球はうまくいきません。「打つ気まんまんの打者なら緩い外角のカーブで打つ気をそらす」などと現実に使うべき場面が明らかになってこそスキルは生きます。

これを条文の解釈に照らせば、ある種類の条文については「〇〇解釈をすべきである」とか、「〇〇解釈をしてはならない」という説明こそ、読者が求めているものといえるでしょう。ただ、この種の解説をうまく行うことは至難の業です。どの解釈をとるべきかはケースバイケースであり、適切な解釈を導くためにはこれまでの解釈の経験とその経験から得られたセンスがものをいうものだからです。

恋愛に置き代えて考えてみましょう。気になる異性を食事に誘ったとします。すると「時間ができたら、こちらから連絡するね」と言われたとします。一定の経験を積めば「来週になったら電話するね」とか「試験が終わったら電話するね」というように時期を限った場合はともかく、「こちらから連絡するね」は「脈がない」と解釈するしかありません。ところが恋愛経験が足りないと、なかなかこうした合理的な解釈を導くことができないものです。「向こうから連絡からしてくれると言った」とほくそ笑みながら何日も電話を握りしめたまま、待っていたりするものです。もっと未熟な場合には、「なんで連絡してくれないの？」などと我慢できなくなって相手に電話してしまったりします。

こうした経験をして解釈ができるようになった人が「解釈の方法」を文字に残して伝えようとすると次の表のようになるでしょうか。

①時期を限って連絡をすると述べた場合	⇓必ずしも脈がないわけではない
②それ以外の場合	⇓脈がない

ただ、こうした整理もすべての場合をカバーすることはできません。「またこちらから電話するね」でも、状況や相手のキャラクターによっては、脈がある場合があるはずだからです。

いずれにしても解釈には一定の経験とその経験から得られたセンスのようなものが求められます。そのため、これを知識として伝えるのは難しいものなのです。そうした限界はあるものの、できる限り、解釈の方法について述べてゆくことにしようと思います。

第三　解釈の方法

法律の種類に応じた解釈の方法

解釈の方法について、法律の種類に応じた解釈の態度のようなものがあると言われます。たとえば、民法は私人間の紛争解決のための法であるため、ある程度、柔軟に条文を解釈することができるとされます。むしろ、公平や正義を解釈で補う部分があるということができるでしょう。このことは、これまでの民法の学習でも感じていることかもしれません。その一方で、刑法などは罪刑法定主義との関係から条文に忠実に解釈しなければならないとされます。

たとえば、こんなことがありました。二〇一三（平成二十五）年に「ストーカー行為等の規制等に関する法律」（以下「ストーカー規制法」といいます。）が改正され、拒まれたのにもかかわらず、連続して電子メールを送信することが「つきまとい等」に加えられました。これまでの「連続して、電話をかけ」に含めることはできないとされたからです。

○ストーカー行為等の規制等に関する法律（平成二十八年改正前）

（定義）

第二条　この法律において「つきまとい等」とは、特定の者に対する恋愛感情その他の好意の感情又はそれが満たされなかったことに対する怨恨の感情を充足する目的で、当該特定の者又はその配偶者、直系若しくは同居の親族その他当該特定の者と社会生活において密接な関係を有する者に対し、次の各号のいずれかに掲げる行為をすることをいう。

一～四　略

五　電話をかけて何も告げず、又は拒まれたにもかかわらず、連続して、電話をかけ、ファクシミリ装置を用いて送信し、若しくは電子メールを送信すること。

六～八　略

2　略

なお、二〇一六（平成二十八）年には、「つきまとい等」の内容として、住居等の周辺をうろつくこと、拒まれたにもかかわらず連続してSNSを用いてメッセージ送信等を行うこと、SNSなどの個人のページにコメント等を送ることがさらに加えられています。

また、公務員の行政法に対する解釈態度としては、こんなことが言えるかもしれません。法律や条例は行政の権限にはめられた「枠」という意味があります。しかし、法律や条例が定められた目的や行政が果たすべき役割に思いが及ばず、「枠」という意味だけを過度に意識すると、杓子定規な解釈を生み出すことになります。

解釈のセンス

なるほど、法律の種類ごとに、こうした解釈の態度について述べることは可能です。ただ、どんな要素をどのように考慮して解釈すべきかを嗅ぎ取る解釈のセンスは、やはり、実際の解釈の機会を通じてしか得られないような気がするのです。

たとえば、公職選挙法百四十二条では、一定のものを除いて、選挙運動のための文書図画の頒布を禁じています。二〇一三（平成二十五）年に改正されるまでは、インターネットによる情報発信もこのよ「文書図画の頒布」に当たると解釈して禁止されてきました。ネオンやスライドが文書図画に当たるように、インターネット上の文字や画面も文書図画に当たり、誰でも見ることができる状態に置くことを「頒布」と解釈してのことです。罰則もあるわけですが、ある意味、「文書図画の頒布」の拡大解釈を政府が行っていたといえます。

この公職選挙法の拡大解釈が許されて、どうしてストーカー規制法の例が認められないのか、刑法などについての解釈態度を理解していたとしても、なかなかその答えは見つかりません。

ただ、考えてみると、公職選挙法が定める選挙運動の制限は、戸別訪問の禁止をめぐる判例（最判昭和五六・七・二一）の伊藤正己裁判官の補足意見にもあるように公正な選挙が行われるためのルールとしての面があります。

伊藤正己裁判官補足意見抜粋

選挙運動においては各候補者のもつ政治的意見が選挙人に対して自由に提示されなければならないのではあるが、それは、あらゆる言論が必要最少限度の制約のもとに自由に競いあう場ではなく、各候補者は選挙の公正を確保するために定められたルールに従つて運動するものと考えるべきである。法の定めたルールを各候補者が守ることによつて公正な選挙が行われるのであり、そこでは合理的なルールの設けられることが予定されている。

紙の文書図画であろうと、電子的な文書図画であろうと、視覚的にとらえて訴える面では同じはずです。また、「文書図画による選挙運動については、金のかかる選挙の原因となりやすいことから、厳しい規制が設けられている。」（選挙制度研究会編『わかりやすい公職選挙法（第十五次改訂版）』一九七頁）と説明されています。インターネットによる情報発信が実際の文書図画の頒布以上にお金がかかるとしたら、公平な選挙運動を危うくするものとして、その規制に合理性があることになります。

ところが、ストーカー規制法の場合には、被害者に心理的な影響を与えることは同じでも、電話とメールという直接的な影響を与える行為が異っています。その辺りが、別種類の「つきまとい等」と構成せざるを得なかった理由なのでしょう。

余談ですが、インターネットが普及して、紙の文書図画ほどお金がかからず選挙運動ができるツールとなったとき、そもそもインターネットによる選挙運動を規制する根本的な理由が失われることになります。二〇一三（平成二十五）年の公職選挙法の改正も当然の成り行きだったといえるでしょう。

解釈の現実的妥当性

解釈のセンスが、実際の解釈の機会を通じてしか得られないものであるとしても、やみくもに解釈の機会を増やせばいいというものでもありません。「解釈への臨み方」みたいなものがあります。

まず、学生や研究者が純粋に学問の対象として解釈を行う場合を除いて、解釈は現実的な必要性があって行うものということです。その意味では、行政職員はもちろん、裁判官であろうと弁護士であろうと、現実の問題をどう解決するべきなのか、実際には、その結論から逆算して法令の解釈を行う場合も多いだろうと思います。その際に大切なのは「現実的妥当性」です。この現実的妥当性は、少し思いきって言い換えると「説得的であること」といえます。

その内容はいろいろな面から指摘できるかもしれませんが、ここでは二つの面からアプローチしてみましょう。

ひとつは、「独りよがりの判断ではないこと」です。他人に説得的であるには、少なくても「独りよがりの判断であると思われないこと」が大切です。これまで述べてきたことのまとめともなりますが、解釈は、条文の文言、法律の目的や趣旨、判例、立法者意思などから導かれるものでなければなりません。解釈はこうしたものの上での判断でなければならないのです。

もうひとつ、解釈の妥当性は、「利益衡量がうまくなされているか」という点にもかかっています。

もちろん、法律というのはある一定の利益衡量を経て作られるものです。民法の財産法部分の規定が「当事者の意思」と「取引の安全」との調整を頭に置いて作られているのはよく知られていますが、たとえば、行政法であっても、個人情報の保護に関する法律なら、個人情報の保護に重きを置きつつも、その一方で、個人情報の有用性への配慮もなされています。つまり、一定のルールの下に個人情報を保護しつつも、これを上手に社会発展のために使っていこうとしているのです。また、行政事件訴訟法なら、「行政の安定性」と「国民の救済」とが追うべき利益として調整されています。取消訴訟の出訴期間もこの利益の調整の結果として理解することができます。解釈しようとする場合、その法律が行っている利益衡量が、問題となっているその事例についてうまく行えているかということがポイントになります。

となると、現実的妥当性を求めることは、基本的に法制定時に調整しようとした利益への目配せを踏まえた上で、その後の社会変化を取り込むことで得られるということができます。法制定後の利益衡量の変化がその後の判例や通達などで示されることを考えると、「説得的であろうとすること」と「利益衡量をうまく行おうとすること」は、結局は大きな違いがないということになります。

再び「解釈の種類」を知っていることの意味

こうしたことを踏まえて、解釈の種類を知っていることにどんな意味があるのかです。解釈の種類を多く知っていることは、「法令の規定」と「直感的な解決策」との溝を埋める方法をたくさん知っていることを意味します。さらにいえば、「○○とすることが適当だ」と直感的に判断するセンスは、たくさんの「法令の規定」を読めば読むほど備わってきます。それが「リーガルマインド」と呼ばれるものの正体なのです。

行政職員を例にとると、たくさんの行政経験を積めば積むほど、また、法令を読む経験が増えれば増えるほど、「○○することが行政として適当だ」という直感と「法令の規定」との距離とが近づいてきます。距離が縮まってくれば、両者を結ぶ「解釈」もさほど無理をせずにできるようになります。

ただ、これを学生に置き換えてみると難しい面もあります。学生の場合には、仕事を通じて主体的に法令の解釈に関わる機会はめったにありません。弁護士事務所や議員事務所などでのインターンシップなどその機会は限られます。そのため必要なのが個別の法的紛争解決事例である判例の読み込みです。しかも、判決文を読むだけでなく、事実の部分からていねいに読み込んで、自分なりに結論とそれを導き出した筋道を考えることです。たくさんの球種を覚えても、試合で通用するわけではありません。ともかく一打席一打席考えて投げる経験を積むしかないといったことは法律の解釈においても同じなのです。

〔図5〕

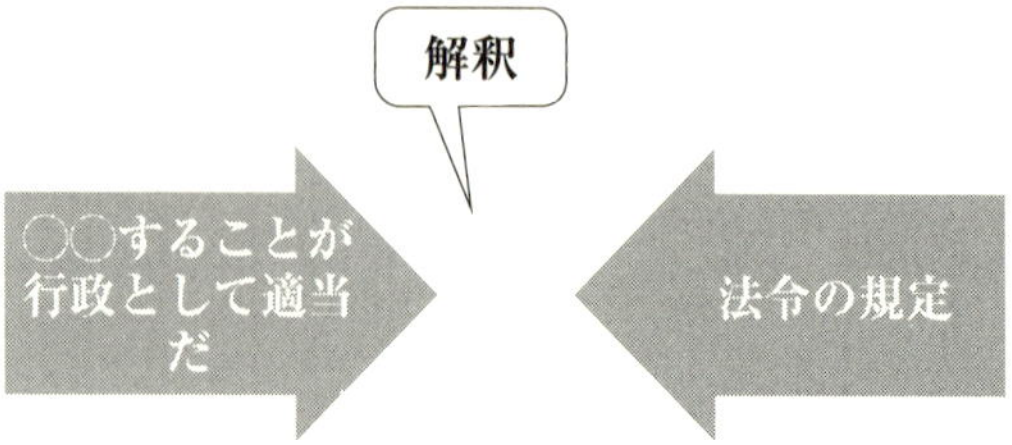

憲法の解釈考

まだお話ししていなかった憲法についても触れておきましょう。難しいのが憲法の解釈方法です。日本国憲法は硬性憲法であり、なかなか改正できないという特徴があります。また、人権規定であっても、直接国民に具体的な権利を与えたわけではないと解釈され得る規定もあります。こうしたことから「社会的、経済的、政治的、文化的な諸条件の変化に応じて、憲法の内容をこれから遊離させないように解釈の面で補っていくことが、他の法令の場合にくらべて、より重要なウエイトをもってくる」（林修三『法令解釈の常識』三七頁）という考え方が生じます。そうはいっても、社会的な変化などに応じて、憲法の内容を解釈することは容易にできるものではありません。それは憲法という法典が生まれてきた歴史や考え方、そして、それぞれの規定に込められた意義を、大げさにいえば、人類的に理解しなければならないからです。

たとえば、憲法二十二条において、住居・移転の自由が職業選択の自由と併せて規定されていることについて、「封建社会においては職業や身分と併せて住む場所が固定化された歴史があるから…」と説明されれば比較的理解しやすいものです。おそらく、それは日本においてもそうした歴史があり、みんなの記憶の底流にそのことが残っているからでしょう。しかし、憲法の規定のなかには人類的な記憶のなかにはあっても、日本人の記憶のなかにはない価値や考え方もあります。

○憲法
第二十二条　何人も、公共の福祉に反しない限り、居住、移転及び職業選択の自由を有する。

2　何人も、外国に移住し、又は国籍を離脱する自由を侵されない。

こうしたことから憲法は誰でもがその解釈ができそうでありながら、実はその解釈はとても難しいといえます。山下純司、島田聡一郎、宍戸常寿『法解釈入門』では、このことを実に上手に説明してくれています。憲法については、誰もが議論できる「床屋談義」の対象になりやすい反面、「あくまで法解釈としての作業の中で、憲法に特有の事情が考慮されなければ、法の解釈の名に値しない。そうでなければ、それは憲法の解釈ではなく、憲法の名を借りた、ただの政治的主張でしかなくなり、ひいては憲法そのものの意義を傷つけてしまうことにもなるのである」（同書四八頁）としています。また、条文に込められた利益衡量についても「憲法とりわけ人権の解釈では、規制される人権とそれを規制する公的な利益の間のバランスが求められる。ただし、法律家に求められるバランス感覚とは、事件ごとの『落としどころ』ではなくて、法分野の特性に応じ、かつ一貫性が求められる。」と述べつつ、特に憲法の人権規定の解釈に特徴的なこととして、「裁判官という主体をも視野に入れながら、バランスの取り方それ自体が、解釈論を組み立てる際に取り込まれることが多い」（同書四九頁）としています。

たとえば、憲法の人権制約の合憲性を判断する際の基準として、いわゆる「二重の基準論」があります。精神的自由に対する規制の合憲性の審査基準は、経済的自由に対するそれよりも厳しく臨もうとするものです。その基準の狙いを「『このように人権制限が分類されるならば、この審査基準の下で判断しなければならない』という形で、あらかじめ一定の枠内に裁判官の解釈を封じ込めてしまうことにある。」（同書一七〇頁）としています。

人権を規制する立法に対しては、立法目的や手段の合理性や必要性の点から検討されるわけですが、公益重視の利益衡量がなされる危険性があり、これを避けるための「枠」を通じた解釈方法が有用であるとしているのです。「二重の基準論」などの合憲性テストは、アメリカの判例理論として確立してきたわけですが、これまた人類的な記憶を借りたものといえるかもしれません。

この人類的な記憶が利用できないのが、平和主義を定めた九条です。世界的に類例を見ないこの規定には、人類的な記憶というべきものがありません。しかし、世界大戦という悲惨な人類的な歴史があるのですから、本当であれば徹底した平和主義を日本がリードして人類的な記憶にすることもできたはずです。しかし、これまで私たちはそれを十分してきませんでした。憲法の規定を現実と遊離させないことを重視する歴史が続いていることをどう評価するか、これもまた難しい問題といえます。

第四　法令間の矛盾を解決するためのルール

法令の所管事項の原理

これまで「『法令を解釈する』というのはどのようなことか」から始まって、「解釈の種類」、「解釈の方法」と見てきました。ただ、法令の解釈に当たっては、いくつか関係しそうな法令が発見されることがあり、その場合には適用されるべき法令を確認する作業が別に生じます。解釈の手順からいえば、こ

〔図６〕

法令の所管事項の原理	法令は種類ごとに受け持ち分野というべきもの（所管事項）があり、その範囲を超えて定めることはできないとする原則
法令の形式的効力の原理	法令においてはヒエラルキー（階層性）が存在し、上位の法令と下位の法令が矛盾抵触する場合には上位の法令が優先するという原則
後法優越の原理	後から制定された法令と前に制定された法令とが矛盾抵触する場合には後から制定された法令が優越するとする原則
特別法優先の原理	同じ事柄について一般法と特別法で規定されている場合には、特別法の規定が優先されるとする原則

れを先にする必要があります。

適用されるべき法令の確認が問題となるのは、一見、矛盾抵触する法令がいくつか存在する場合です。この場合、法令間の矛盾抵触をどう解決するかが問題となります。たとえば、金銭債権の消滅時効に関する規定は、民法のほかにも、商法、会社法、会計法、地方自治法などにあります。問題となっている事例に、どの規定を適用させればいいのかは、少し複雑です。こうしたとき、役に立つのが「法令間の矛盾を解決するためのルール」というべきものです。

解釈の基準となるべき原理・原則を、「法令の所管事項の原理」、「法令の形式的効力の原理」、「後法優越の原理」、「特別法優先の原理」に従って説明します。

法令の所管事項の原理とは

法令は種類ごとに受け持ち分野というべきもの（所管事項）があり、その範囲を超えて定めることができないとする原則があります。法令がその所管事項を超えて定められたとしても、その規定は無効となります。これを「法令の所管事項の原理」といいます。

たとえば、国民の権利を制限する定めを法律の委任もなしに政令で定めたとしても無効です。それは法律の所管事項だからです。また、国家公務員の勤務条件などについて定める人事院規則で、民間の給与に関することを定めたとしても同じく無効です。人事院規則は人事院の所掌事務の範囲で定められるべきものだからです。

最初からこういうとガッカリするかもしれませんが、「法令の所管事項の原理」で解決できない場合も多くあります。それぞれの法令について専属的所管事項を定めることができればいいのですが、それは不可能です。考えてみてください。法律は憲法での規定事項を除いたあらゆる事柄を定めることができる法令です。ということは、法律は他の法令と所管事項を競合することがあります。この場合、「法令の所管事項の原理」では解決できず、「法令の形式的効力の原理」などの助けを借りなければなりません。いずれにしても、法令は単独で存在するものではなく、いくつもの法令との関係のなかで存在するものです。「法令の所管事項の原理」はそのなかの重要なルールであり、この際、少し記述を割いて説明しておこうと思います。

国の法令の所管事項

[1] 法律と議院規則・最高裁判所規則との関係

お話ししたように、法律は憲法が直接規定している事項を除いて法令の形式で規律すべきあらゆる分野にわたり規定することができます。明治憲法下においては、皇室に関することなど法律の所管事項から外されている事項が存在しましたが、現行憲法ではそのような例外はありません。ただ、問題となるのは、法律と議院規則や最高裁判所規則との関係です。憲法五十八条二項の規定から議院規則（衆議院規則、参議院規則）が定められ、憲法七十七条一項の規定から最高裁判所規則が定められているわけですが、これらの事項については、議院規則や最高裁判所規則（理論的には、憲法七十七条三項の規定により委任された場合の下級裁判所規則も含みます。）の専属的所管事項であって、法律で定めることはできないのではないのかとの議論があります

○憲法
第五十八条　略
② 両議院は、各々その会議その他の手続及び内部の規律に関する規則を定め、又、院内の秩序をみだした議員を懲罰することができる。但し、議員を除名するには、出席議員の三分の二以上の多数による議決を必要とする。
第七十七条　最高裁判所は、訴訟に関する手続、弁護士、裁判所の内部規律及び司法事務処理に関する事項について、規則を定める権限を有する。
② 略
③ 最高裁判所は、下級裁判所に関する規則を定める権限を、下級裁判所に委任することができる。

たしかにそうした説もありますが、通説的には、法律との競合的所管事項であると考えられています。実際、議院規則のほかに「国会法」という法律が存在します。また、訴訟に関する手続などについては、最高裁判所規則のほかに、「裁判所法」、「裁判員の参加する刑事裁判に関する法律」、「民事訴訟法」、「刑事訴訟法」といった法律が制定されています。現実的には、議院規則や最高裁判所規則は、関係法律が定められていない事項について定め、関係法律の委任を受けた事項などを定めているとさえいえるかもしれません。

[2] 政令、省令（内閣府令）、外局規則の関係

憲法は国会を唯一の立法機関としていますが、行政機関による命令制定権を否定していません。憲法七十三条六号には、内閣の事務のひとつとして「この憲法及び法律の規定を実施するために、政令を制定すること。但し、政令には、特にその法律の委任がある場合を除いては、罰則を設けることができない。」とあります。憲法は、法律を実施するため、又は法律の委任に基づいて政令を制定することを認めているのです。

さらに、憲法には規定がありませんが、内閣府設置法や国家行政組織法では、内閣総理大臣（内閣府の主任大臣としての内閣総理大臣）又は各省大臣が、「主任の行政事務について、法律若しくは政令を施行するため、又は法律若しくは政令の特別の委任に基づいて」命令を発することができるとしています。これがいわゆる省令（内閣府令）です。さらにいえば、外局の長であっても、法律で規則制定権を与えられているものがあります。国家公安委員会規則（警察法十二条）、公正取引委員会規則（私的独占の禁止及び公正取引の確保に関する法律七十六条一項）、中央労働委員会規則（労働組合法二十六条一項）な

どがその例です。

これらの行政機関の命令の所管事項を整理しておくと、政令、省令（内閣府令）、外局規則は特に専属的所管を持っていません。いずれも法律を実施するために出されたり、法律の委任に基づいて出される存在です。ただ、お互いの内容がぶつかり合うかといえば、そうでもありません。省令（内閣府令）・外局規制についていえば、そもそも、制定権者である内閣総理大臣、各省大臣、外局の長の職務権限が法令により一定の範囲に限定されているからです。ただ、政令と省令（内閣府令）・外局規則との関係は少し違います。政令は内閣が制定権者であり、内閣の職務権限全般にわたって定めことができるのですから、こちらは、省令（内閣府令）、外局規則の所管事項とダブルこととなります。つまり、政令と省令（内閣府令）・外局規則との関係については、「法令の所管事項の原理」からは解決できず、後に説明する「法令の形式的効力の原理」で解決するしかないということになります。

[3] 会計検査院規則・人事院規則と政令、省令（内閣府令）との関係

ただ、特殊な行政機関とその命令の存在を忘れてはいけません。会計検査院規則と人事院規則がそれです。結論から先にいうと、会計検査に関する事項は、法律を除き、会計検査院規則の専属的所管事項に属し、省令（内閣府令）はもちろんのこと、政令をもっても定めることができません。また、人事院の所掌事務に関することは、法律に直接定められている事項及びその特別の委任のある事項を除き、人事院規則の専属的所管事項に属します。これまた省令（内閣府令）はもちろんのこと、政令をもっても定めることができないのです。

会計検査院は憲法上の機関であり（憲法九十条）、「内閣に対し独立の地位を有する」（会計検査院法一

条）存在です。独立性と高い自律性が求められています。そのため、会計検査に関する事項は政令をもってしても定めることはできないのです。

一方、人事院の設置根拠は憲法ではなく、国家公務員法三条一項です。「内閣の所轄の下」という立ち位置が人事院の内閣からの独立性を表しています。「所轄」というのは、上級行政機関と下級行政機関との関係が最もよそよそしく、委員の任免権、報告徴取権等を除いて、ほとんど指揮監督が及ばない関係を示すものです。行政機構の図を描いてみれば、一応、その行政機関の下に位置付けられるという程度のものだからです。

> ○国家公務員法
> （人事院）
> 第三条　内閣の所轄の下に人事院を置く。人事院は、この法律に定める基準に従つて、内閣に報告しなければならない。
> ②〜④　略

国家公務員法十六条一項では、人事院は、所掌事務について「法律を実施するため、又は法律の委任に基づいて」人事院規則を発することができるとしています。政令という委任の受け皿がないことも相まって、国家公務員法は様々な事項を人事院規則に委任しています。また、国家公務員法ばかりでなく、「一般職の職員の給与に関する法律」、「国家公務員災害補償法」、「国家公務員の育児休業等に関する法律」、「一般職の職員の勤務時間、休暇等に関する法律」などが人事院の所掌事務に属する範囲において、その法律の実施命令等の制定権を人事院に与え、人事院規則に委任する形をとっています。

[4] 内閣官房令のこと

二〇一四(平成二十六)年に、国家公務員の人事管理に関する戦略的中枢機能を担う組織として新たに内閣官房に「内閣人事局」が設置されました。内閣人事局は、幹部職員人事の一元管理や級別定数等に関する事項に関わることなどを通じて国家公務員に対する人事行政を人事院とともに担っています。これはよく、「中央人事行政機関は内閣総理大臣と人事院である」などという言い方がされます。これは内閣人事局が置かれる内閣官房の主任の大臣である内閣総理大臣が人事院とともに国家公務員の人事行政を行っていることを示した言葉です。

この内閣人事局の所掌事務に関することについては、もちろん、人事院規則は及びません。政令を定めることができますが、これに加えて内閣法二十六条三項では「内閣官房令」を定めることができるとしています。内閣官房令という名は聞き慣れないかもしれませんが、内閣人事局の発足とともに内閣法に位置付けられたもので、省令並びの下位法令です。これまでも、内閣総理大臣が中央人事行政機関として役割を果たす部分がありましたが、その所掌事務は内閣府の事務とされていました。つまり、その事務に関する部分は「内閣府令」で対応していたのです。ところが、内閣人事局が内閣官房に置かれることになり、内閣府令では対応できなくなり、新たな下位法令が必要になりました。それが内閣官房令です。内閣官房の事務について、主任の大臣である内閣総理大臣が発する省令並みの法令が内閣官房令の正体というわけです。

○内閣法
第二十六条　内閣官房に係る事項については、この法律にいう主任の大臣は、内閣総理大臣とする。
2　略
3　内閣総理大臣は、内閣官房に係る主任の行政事務について、法律若しくは政令を施行するため、又は法律若しくは政令の特別の委任に基づいて、内閣官房の命令として内閣官房令を発することができる。
4～6　略

自治体の法令の所管事項

[1]　条例と規則それぞれの専属的所管事項

次は自治体の法令です。憲法では次のような規定を置いて自治体の自治立法を認めています。

○憲法
第九十四条　地方公共団体は、その財産を管理し、事務を処理し、及び行政を執行する権能を有し、法律の範囲内で条例を制定することができる。

この規定を受けて、地方自治法では「条例」と「規則」の制定を認めています。「条例」は自治体議会が定める法令であり、「規則」はその権限に関して自治体の首長が定める法令です。この関係が少し不思議なのです。一言でいえば、「横関係、ときどき縦関係」と表現できるかもしれません。横関係といったのは、両者は基本的には対等な効力を有する法令であるということです。二元代表制の言葉に象徴されるように自治体においては、住民を代表する存在は議会のほかに首長があります。そのため、条例はもちろんですが、規則も民主的な基盤を持ちます。その点は国の行政機関の命令とは異なるところです。ただ、条例も規則も専属的所管事項があり、地方自治法や地方自治法施行令に定められています。

たとえば、地方自治法十四条二項には「義務を課し、又は権利を制限するには、法令に特別の定めがある場合を除くほか、条例によらなければならない。」とありますし、同法百三十八条の四第三項には、執行機関に附属機関を置くには条例によるべきことが定められています。一方、地方自治法施行令百七十三条の二には、「普通地方公共団体の財務に関し必要な事項は、規則でこれを定める。」との規定があります。とはいえ、その他の事項について、条例と規則の所管事項は競合的です。ここが自治体の例規の特徴なのです。つまり、条例で定めようが、規則で定めようが構わない分野が存在するのです。ひとつ例をあげると、自治体が独自に災害被害者に見舞金を支給する場合が多いのですが、その根拠は「災害見舞金支給条例」の場合もあれば「災害見舞金支給規則」である場合もあります。

また、「ときどき、縦関係」といったのは、首長が定める規則が、条例の実施のために、又は条例の委任を受けて定められる法令にもなる場合があるからです。国での政省令のようなものが自治体にはありません。そのため条例の下位法令的な役割も首長の規則が果たしているというわけです。この場合の規則を「条例施行規則」といいます。実際には、この条例施行規則としての使われ方が多いため、首長の規則は条例の下位法令と勘違いされることも多いものです。

[2] 執行機関の多元主義

自治体の場合は、知事や市町村長といった首長ばかりが執行機関ではありません。教育委員会、公安委員会、収用委員会といった行政委員会や監査委員も執行機関となります。首長には地方自治法上、予算編成権があるなど大きな権限が与えられています。そのため、首長が独裁化しないように、行政についての権限を分散したのです。こうした考えを「執行機関の多元主義」といいます。このうち、行政委員会については、法律で規則制定権を与えられているものがあります。

○地方自治法
第百三十八条の四　略
② 普通地方公共団体の委員会は、法律の定めるところにより、法令又は普通地方公共団体の条例若しくは規則に違反しない限りにおいて、その権限に属する事務に関し、規則その他の規程を定めることができる。
③ 略

[3] 行政委員会の規則と条例・首長の規則との所管事項

さて、行政委員会の規則と条例・首長の規則との所管事項の関係がどうなっているかです。たとえば、行政委員会規則のひとつである教育委員会規則の根拠規定は次のように規定されています。

> ○地方教育行政の組織及び運営に関する法律
> （教育委員会規則の制定等）
> 第十五条　教育委員会は、法令又は条例に違反しない限りにおいて、その権限に属する事務に関し、教育委員会規則を制定することができる。
> 2　略

実は、地方自治法で直接、行政委員会に規則制定権が与えられているのではなく、地方自治法百三十八条の四第二項に「法律の定めるところにより」とあるように、個別の法律の定めを待って、権限が与えられたといえるのです。教育委員会に規則制定権を与えた「地方教育行政の組織及び運営に関する法律（地教行法）」はそうした個別法のひとつです。

この規定を見ると確認できることがあります。当たり前といえば当たり前ですが、行政委員会規則は「権限に属する事務に関し」定められるということです。自治体においては、執行機関の多元主義により、それぞれの執行機関の権限が「分散」しています。となると、基本的に首長が定める規則と行政委員会規則にはそれぞれの所管事項があり、その競合は考えにくいということになります。

その一方で、条例と行政委員会規則については、所管事項のぶつかりが生じます。地方自治法二条二項と十四条一項を併せ読むと、条例は自治体の事務全般について定めることができるとされているからです。そこで、地方教育行政の組織及び運営に関する法律十五条一項では、「法令又は条例に違反しない限り」としているのです。なお、ここでの「法令」は国の法令を指しています。

○地方自治法
第二条　略
② 普通地方公共団体は、地域における事務及びその他の事務で法律又はこれに基づく政令により処理することとされるものを処理する。
③〜⑰　略
第十四条　普通地方公共団体は、法令に違反しない限りにおいて第二条第二項の事務に関し、条例を制定することができる。
②・③　略

ただ、そのうえで地方自治法百三十八条の四第二項を再び眺めてみると疑問が生じます。「法令又は普通地方公共団体の条例若しくは規則に違反しない限りにおいて」とあるからです。条例施行規則は条例の下位法令なので、まとめて「条例」に含まれるとしても、わざわざ規則の名を挙げているのですから、行政委員会規則と首長の規則とで所管事項の競合が生じる場面があるように読めます。

これについて、地方自治法のコンメンタールはこんな種明かしをしています。「しかしながら、たとえば、教育委員会は、その権限に属する学校校舎その他教育財産の管理等の事務に関して規則を制定することができるのである（地教法十五条一項、二十一条二号）が、一方、普通地方公共団体の財務に関し必要な規定は、命令で規定するもの以外は、すべて普通地方公共団体の規則で定めることとされているのである（令〈著者註：地方自治法施行令〉百七十三条の二）から、ここに右の教育委員会の規則と普通地方公共団体の財務規則との間に競合又は矛盾抵触の生ずることもありうるわけであり、このような場合においては、普通公共団体の規則が優先することを明らかにしたものということができる。」松本英昭『逐条地方自治法　第八次改定版』四九七・四九八頁。

いずれにしても、地方自治法百三十八条の四第二項は、行政委員会規則制定権の根拠を個別法に委ねながらも、首長の規則と行政委員会規則との形式的効力に関する整理をしているということになります。

[4] 都道府県条例と市町村条例との関係

所管事項について、一番、悩ましいのが、都道府県条例と市町村条例との関係です。都道府県が市町村の後見的な役割を果たす存在とされているならともかく、分権改革後の現在において、都道府県と市町村が対等な関係であることは疑いようがありません。そうであるのにもかかわらず地方自治法二条十六項には次のような規定があります。

○地方自治法
第二条　略
①〜④　略
⑤　都道府県は、市町村を包括する広域の地方公共団体として、第二項の事務で、広域にわたるもの、市町村に関する連絡調整に関するもの及びその規模又は性質において一般の市町村が処理することが適当でないと認められるものを処理するものとする。
⑥〜⑮
⑯　地方公共団体は、法令に違反してその事務を処理してはならない。なお、市町村及び特別区は、当該都道府県の条例に違反してその事務を処理してはならない。
⑰　前項の規定に違反して行つた地方公共団体の行為は、これを無効とする。

この規定をどう解釈するのかが難しいのです。都道府県と市町村等とが対等であることを大前提に考えると、二条十六項後段は、その事務がそもそも都道府県の事務である場合について規定したものと考えることができます。それなら、所管事項を超える行為を無効とする同条十七項もすんなり理解ができます。

では、自治体としての都道府県の所管事務とはどんなものでしょう。地方自治法二条五項には「それらしい」規定があります。この規定から、都道府県には「広域事務、連絡事務、補完事務」の三つの事務が配分されているといわれています。二条十六項後段は、「こうした事務については、そもそも都道府県の行うべき事務なので、市町村や特別区は都道府県の条例に違反した事務処理ができない。」とする所管事項に関する調整規定と説明できなくもありません。ところが、これらの事務配分は抽象的なきらいがあります。どの事務が都道府県がすべき三つの事務に当たるのか判断するのは難しく、結果として二条十六項後段が働く余地もあまりないということがいえそうです。

二条十六項後段については別な見方もできます。市町村等がまるで住民と同じ立場であるかのように、都道府県条例の規制対象となる場合のことを想定したとする読み方です。この場合、同項全体を注意規定と読むわけです。たしかに、理論的にはあり得ますが、そこまでして規定する必要があるのか理解しにくい部分が残ります。もし、「規定する必要がある」とすれば、市町村等に対して向けられた立法者の不信の結果といえなくもなく、市町村等に対して甚だ失礼な規定ということになってしまいます。

この規定を巡っては、いろいろな解釈があるようですが、多くの論者が賛成するところは、この規定だけを頼りに解決するのではなく、都道府県の条例や市町村等の条例に条例間調整のための規定を置くことで解決した方がいいのではないかということです。なるほど、都道府県や市町村の条例に、以下のような条例間調整の規定を見ることが多くなりました。

○熊本県地下水保全条例
（市町村条例との関係等）

第四十三条　知事は、市町村が制定した条例による施策の実施等により、この条例の目的の全部又は一部を達成することができると認めるときは、当該市町村について、この条例の全部又は一部の規定を適用しないこととすることができる。
2・3　略

○福岡市環境影響評価条例
（県条例との関係）
第三十八条の二　県条例第四十六条第三項の規定により県条例の適用を受ける対象事業について、事業者が、県条例の規定による環境影響評価、事後調査その他の手続を行ったときは、この条例に定める手続を経たものとみなす。

法令の形式的効力の原理

これまで、法形式の種類によって、それぞれ一定の所管事項があることをお話ししてきました。ただ、すでに述べたように、所管事項の競合が見られる場合があります。この場合には、どの法令を適用させたらいいのか、「法令の所管事項の原理」からは解決できません。こうしたとき役立つのが「法令の形式的効力の原理」です。

法令は、憲法を頂点にして階層的に存在しています。基本的に、法令間には形式的効力において上下の差があり、いくつかの法令の内容が矛盾抵触する場合には、上位の法が下位の法に優位するという原則があります。これが「法令の形式的効力の原理」というものです。

国の法令の形式的効力

法令の形式的効力において「憲法」が最上位であることはいうまでもありませんが、国の法令についていえば、これに「法律」が続きます。

「最高裁判所規則」の所管事項については、法律に優位するという説や「議院規則」が憲法五十八条二項に関することについて、法律に優位するとする説もないではないのですが、実際には法律の方が形式的効力において優位にあるものとして扱われています。

「政令」は、法律より形式的効力が劣ります。さらに、「内閣府令」、「内閣官房令」、「省令」は政令より下位にあります。「外局規則」は、省令などよりさらに形式的効力が下です。ただ、省令などと外局規則は、所管事項に競合がないのが原則ですから、矛盾抵触の問題は考えなくてもいいかもしれません。

また、「人事院規則」や「会計検査院規則」ですが、これらも法律より形式的効力が劣ります。なお、人事院規則や会計検査院規則については、省令などとの競合はもちろんですが、政令とも所管事項の競合の問題が生じないので、これらの法令との形式的効力について考える必要はありません。

条約と憲法・法律との関係

条約と憲法との形式的効力については、いろいろな議論があるようです。憲法八十一条や九十八条一項には「条約」の文字がありません。その一方で、憲法九十八条二項では条約の誠実な遵守が求められています。

> ◯憲法
> 第八十一条　最高裁判所は、一切の法律、命令、規則又は処分が憲法に適合するかしないかを決定する権限を有する終審裁判所である。
> 第九十八条　この憲法は、国の最高法規であつて、その条規に反する法律、命令、詔勅及び国務に関するその他の行為の全部又は一部は、その効力を有しない。
> ②　日本国が締結した条約及び確立された国際法規は、これを誠実に遵守することを必要とする。

こうしたことから、条約と憲法との関係については憲法優位説と条約優位説に分かれます。ただ、条約の形式的効力が憲法に優位すれば、憲法改正手続を経ずして憲法の内容を変更することを認めることになり、国民主権の原理から大きな問題があると言わざるを得ません。

一方、条約と法律との形式的効力については条約が優位するものと考えるべきでしょう。条約に反する法律が存在することは、憲法九十八条二項の趣旨からも認められないと考えられるからです。

自治体の法令の形式的効力

自治体においても、法令の形式的効力において「憲法」が最上位であることは変わりません。条例・首長の規則と法律との関係については、憲法九十四条の規定や地方自治法十四条一項に「法令に違反しない限りにおいて~条例を制定することができる。」とあることから、法律が形式的効力において優位するとされますが、ことはそう単純ではありません。この件については後述します。

> ○憲法
> 第九十四条　地方公共団体は、その財産を管理し、事務を処理し、及び行政を執行する権能を有し、法律の範囲内で条例を制定することができる。

前述したように、条例と首長の規則との形式的効力に基本的に優劣関係はありません（首長の規則には、条例の下位法令的な役割を果たす「条例施行規則」があります。この条例施行規則については、当然、その条例の形式的効力が優越することになります。）。

条例や首長の規則には、それぞれ、そうした法形式でないと定められない所管事項（専管事項）がありますが、それ以外の事項については、両者の所管は競合します。

以上のことは、二元代表制から導かれるわけですが、自治体内に住民を代表する機関が二つ存在することは、会社の中に社長が二人いるようなものです。時として、混乱の種になります。そこで、地方自治法では議会と首長との権限の調整に関する規定が置かれています。首長が条例に同意しないときの拒否権というべき「再議」の制度もそのひとつです。

○地方自治法
第百七十六条　普通地方公共団体の議会の議決について異議があるときは、当該普通地方公共団体の長は、この法律に特別の定めがあるものを除くほか、その議決の日（条例の制定若しくは改廃又は予算に関する議決については、その送付を受けた日）から十日以内に理由を示してこれを再議に付することができる。
②　前項の規定による議会の議決が再議に付された議決と同じ議決であるときは、その議決は、確定する。
③　前項の規定による議決のうち条例の制定若しくは改廃又は予算に関するものについては、出席議員の三分の二以上の者の同意がなければならない。
④〜⑧　略

再議は、議会の議決をいったん白紙に戻す行為であり、条例であれば出席議員の三分の二以上の同意がなければ再議決することはできないとされています。この再議の制度があることから、競合事項において、内容が矛盾抵触する条例と首長の規則が存在する場合には、条例の内容が優先するものと考えられています。

条例と首長の規則との間に形式的効力に優劣があるわけではありません。しかし、再議という制度がありながら条例が成立したのは、首長がその条例を認めた（再議に付さなかった）か、再議をはねのけて議会が条例を再議決したかのどちらであり、そうした状況を踏まえて条例の内容を優先すべきとしたのです。

なお、条例・首長の規則と行政委員会規則との関係ですが、すでにお話ししたように条例・首長の規則の形式的効力が優越します。

法律と条例との関係

[1] 憲法と地方自治法の規定

法律と条例との関係について憲法、地方自治法では次のように規定しています。

> ○憲法
> 第九十四条　地方公共団体は、その財産を管理し、事務を処理し、及び行政を執行する権能を有し、法律の範囲内で条例を制定することができる。

> ○地方自治法
> 第十四条　普通地方公共団体は、法令に違反しない限りにおいて第二条第二項の事務に関し、条例を制

定することができる。
②・③　略

憲法九十四条でいうところの「条例」には、首長の規則や各種の行政委員会規則も含まれるとする解釈があります。いずれにしても、条例は国の法令に違反しない限りにおいて定められます。この場合、条例は、法律はもちろんですが、その法律の委任を受けた政省令などにも違反することはできません。委任事項の範囲においては下位法令であっても、上位法と同等の形式的効力を有するからです。

[2]「法令の形式的効力の原理」で扱う理由

林修三『法令解釈の常識』では、法律と条例との関係を「法令の所管事項の原理」のなかで扱っています。条例制定権が自治体の事務に限られるということのほか、そもそも自治体の条例制定権が限られていたことが理由かもしれません。というのも、二〇〇〇（平成十二）年四月に地方分権一括法が施行されるまで（分権改革前）、自治体の首長が国の機関として事務を処理する「機関委任事務」というものがあり、この機関委任事務については法律により授権される場合を除き、自治体には条例を定める権限がありませんでした。正確なデータはありませんが、この機関委任事務が都道府県の事務の七・八割、市町村の事務の三・四割を占めていたといわれ、その分、自治体が条例制定できる範囲は限られていたのです。

ただ、機関委任事務が廃止された現在において条例をめぐる状況は大きく変わりました。地方自治法十四条一項には「第二条第二項の事務に関し、条例を制定することができる」とあります。この二条二項の事務は「地域における事務及びその他の事務で法律又はこれに基づく政令により処理することとされるもの」とされ、「法定受託事務」、「自治事務」ともに自治体は条例を定めることができるのです。

分権改革後の地方自治法一条の二には、自治体の役割と国の役割についての記述がありますが、これは、それぞれの権限の棲み分けについて定めたものではありません。当然、法律と条例との競合は想定されます。条例の制定可能範囲が広がった現在においては、実際、法律と条例とが競合する場面も多く、こうしたことを踏まえて、ここでは、法律と条例との関係を「法令の形式的効力の原理」のなかで扱うこととします。

[3] 条例の法律適合性判断の枠組み

さて、憲法九十四条や地方自治法十四条一項の条文です。一読すると、法律の形式的効力が条例に優越するものと理解できます。ただ、事はそう簡単ではありません。地方自治法には、次のような規定があるからです。

○地方自治法

第二条 ①～⑩ 略

⑪ 地方公共団体に関する法令の規定は、地方自治の本旨に基づき、かつ、国と地方公共団体との適切な役割分担を踏まえたものでなければならない。

⑫ 地方公共団体に関する法令の規定は、地方自治の本旨に基づいて、かつ、国と地方公共団体との適切な役割分担を踏まえて、これを解釈し、及び運用するようにしなければならない。（以下、略）。

⑬　法律又はこれに基づく政令により地方公共団体が処理することとされる事務が自治事務である場合においては、国は、地方公共団体が地域の特性に応じて当該事務を処理することができるよう特に配慮しなければならない。
⑭〜⑰　略

地方自治法二条十二項の意味を考えてみましょう。地方公共団体に関する法令の場合、この行政解釈は二つ存在することになります。ひとつは、法律を所管する省庁（国）の行政解釈です。そして、もうひとつが自治体の解釈です。

機関委任事務については、自治体がいくら法執行の現場に立っていても、国の機関として行っているのですから、その解釈権は国に独占されていたといえます。ところが、現在ではすべて事務が自治体の事務なのですから、むしろ、執行する自治体の解釈こそが重要です。分権改革後、憲法九十三条がいう「地方自治の本旨」に照らしてそのことを明らかにしたのが地方自治法のこれらの規定というわけです。

特に二条十二項は注目に値します。「地方公共団体に関する法令の規定は、〜国と地方公共団体との適切な役割分担を踏まえて、これを解釈し、及び運用する」べきことが述べられています。

分権改革前の事例ですが、憲法と条例との抵触に関する重要な判例に徳島市公安条例事件判決（最大判昭和五〇・九・一〇）があります。この事件では、「道路交通秩序の維持」を目的とする道路交通法とそれに加えて「地方公共の安寧と秩序維持」を目的とする徳島市公安条例との関係が問題となりました。判例は次のように述べています。少し長くなりますが引用します。

条例が国の法令に違反するかどうかは、両者の対象事項と規定文言を対比するのみでなく、それぞれの趣旨、目的、内容及び効果を比較し、両者の間に矛盾牴触があるかどうかによってこれを決しなければならない。例えば、ある事項について国の法令中にこれを規律する明文の規定がない場合でも、当該法令全体からみて、右規定の欠如が特に当該事項についていかなる規制をも施すことなく放置すべきものとする趣旨であると解されるときは、これについて規律を設ける条例の規定は国の法令に違反することとなりうるし、逆に、特定事項についてこれを規律する国の法令と条例とが併存する場合でも、後者が前者とは別の目的に基づく規律を意図するものであり、その適用によって前者の規定の意図する目的と効果をなんら阻害することがないときや、両者が同一の目的に出たものであっても、国の法令が必ずしもその規定によって全国的に一律に同一内容の規制を施す趣旨ではなく、それぞれの普通地方公共団体において、その地方の実情に応じて、別段の規制を施すことを容認する趣旨であると解されるときは、国の法令と条例との間にはなんらの矛盾牴触はなく、条例が国の法令に違反する問題は生じえないのである。

ここで示された条例の法律適合性判断の枠組みは図7のようになります。

[4] 法律適合性判断の実例

少し理論編が続きましたので、自治体が行った法律適合性判断の実例をほんの少し紹介しておこうと思います。

(i) 地方自治法と自治基本条例

地方自治法二百二条の四では条例を定めることで、市町村の区域を分けて定める区域ごとに「地域自治区」を設けることができるとしています。そして、この地域自治区には、その区域に係る施策に関する重要事項に意見を述べる「地域協議会」が置かれます。そして、地方自治法二百二条の五第二項にあるように、この地域協議会のメンバーは市町村長が選任するものとされています。

○地方自治法
（地域協議会の設置及び構成員）
第二百二条の五　地域自治区に、地域協議会を置く。
2　地域協議会の構成員は、地域自治区の区域内に住所を有する者のうちから、市町村長が選任する。
3～5　略

ところが、上越市自治基本条例三十三条三項では、「市民による投票を主体とした選任手続を採用するものとする。」とあります。あたかも、地方自治法二百二条の五第二項に反するかのようです。ところが、「上越市地域協議会委員の選任に関する条例」三条を見

〔図７〕

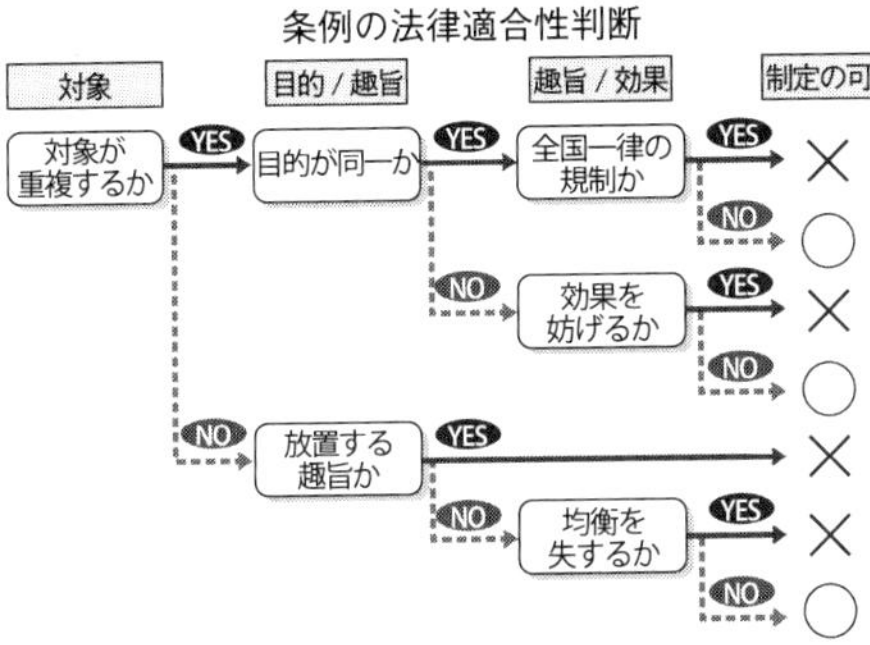

北村喜宣・礒崎初仁・山口道昭編著
『政策法務研修テキスト』より

ると、法律との整理の方法が見えてきます。公募候補者についての投票は行うものの、市長はその結果に法的には拘束されず、「投票の結果を尊重し」選任するものとしています。翻って、自治基本条例の条文も住民意思を尊重する旨の規定と解釈するのでしょう。

○上越市自治基本条例
（地域自治区）
第三十三条　1・2　略
3　市長は、地域協議会の構成員の選任を、公明で、かつ、地域自治区の区域に住所を有する市民の多様な意見が適切に反映されるものとするため、市民による投票を主体とした選任手続を採用するものとする。
4　略
○上越市地域協議会委員の選任に関する条例
（委員の選任の方法）
第三条　市長は、委員を選任しようとするときは、委員資格者のうちから委員に選任されようとする者を公募し、当該公募に応じた者（略）について投票を行い、当該投票の結果を尊重し、委員を選任しなければならない。

(ii) 道路交通法と自転車安全利用促進条例

まず、条例を見てもらいましょう。

○京都府自転車の安全な利用の促進に関する条例

（自転車利用者の責務）

第三条　自転車を利用する者は、道路交通法その他の法令の規定を遵守するとともに、次に掲げる事項を励行すること等により自転車の安全な利用に努めなければならない。

(1)　交差点内を通行しようとするときは、必要に応じ一時停止又は徐行をするなど車両及び歩行者に注意して運転をすること。

(2)　携帯電話、イヤホン又はヘッドホンを使用しながら運転をしないこと。

(3)〜(6)　略

2・3　略

（乗車用ヘルメット）

第十二条　自転車を利用する者は、道路（略）において、自転車に取り付けられた幼児用乗車装置に幼児（六歳未満の者をいう。）を乗車させるときは、当該幼児に乗車用ヘルメットをかぶらせなければならない。

2　略

二つの点で法律との整理が問題となります。ひとつは、三条の規定です。自転車も道路交通法上、車両であり（同法二条一項八号及び十一号）、車両である自転車の交通方法（走り方）は、道路交通法やこれを受けての各都道府県公安委員会規則で定めるものとされています（同法十六条一項、七十一条六号）。

そのうえで、京都府自転車の安全な利用の促進に関する条例三条をどう捉えるかです。走り方のルールとして定め、これを罰則で担保するような規定ぶりにすると、道路交通法などとの関係が説明できにくくなります。そこが「自転車利用者の責務」として構成した理由なのでしょう。

法律との関係が問題となるもう一点は条例十二条です。道路交通法六十三条の十一では児童や幼児を自転車に乗車させるときにヘルメットを着用させるよう努力義務を課しています。条例ではそのうち、幼児が幼児用シートに乗るときを取り出し、特にヘルメット着用義務を課しているのです。罰則はないものの、この部分は法律以上に重い義務を課しているといえます。ただ、ヘルメットの着用については、規制方法を全国一律にする必要もなく、事故が多く見られるなどの必要性があるなら、義務化も可能と考えられます。

○道路交通法

（通則）

第十六条　道路における車両及び路面電車の交通方法については、この章の定めるところによる。

2～4　略

（運転者の遵守事項）

第七十一条　車両等の運転者は、次に掲げる事項を守らなければならない。

一～五の五　略

六　前各号に掲げるもののほか、道路又は交通の状況により、公安委員会が道路における危険を防止し、その他交通の安全を図るため必要と認めて定めた事項（※）
（児童又は幼児を保護する責任のある者の遵守事項）
第六十三条の十一　児童又は幼児を保護する責任のある者は、児童又は幼児を自転車に乗車させるときは、当該児童又は幼児に乗車用ヘルメットをかぶらせるよう努めなければならない。
※この規定を受けて「〇〇県道路交通法施行細則」などでさらに細かい運転者の遵守事項が規定されているのが一般的です。

(iii)　地方自治法と議会における附属機関

これまで、地方自治法二百二条の三第一項の規定から、審議会などの附属機関は執行機関に置くことはできても、議会に置くことはできないものとされてきました。ところが、三重県議会基本条例十二条では附属機関の設置を規定しています。地方自治法が明文で禁止していない以上、議会での必要性が説明できれば可能と解釈してのことです。

〇地方自治法
第二百二条の三　普通地方公共団体の執行機関の附属機関は、法律若しくはこれに基く政令又は条例の定めるところにより、その担任する事項について調停、審査、審議又は調査等を行う機関とする。
②・③　略

○三重県議会基本条例
（附属機関の設置）
第十二条　議会は、議会活動に関し、審査、諮問又は調査のため必要があると認めるときは、別に条例で定めるところにより、附属機関を設置することができる。

(iv)　道路法と屋台規制条例

比較的簡単な整理例を示してきましたが、法律とどう整理すべきかその解釈が難しい条例もあります。

福岡市屋台基本条例では、道路占有許可に「人的要件」を加えています。申請者が暴力団員等である場合には許可を与えないとしているのです。暴力団員等を屋台から排除するという市の姿勢はしごく当然なことです。福岡市には特にそうした姿勢を示す必要性もあります。また、道路占有許可が講学上の「特許」であることを考えると、許可に当たって市長が条件を出しやすいことも確かでしょう。それでも少しひっかかるのです。

条例九条では道路占有許可の要件として道路法三十三条一項の要件に加える形で規定していますが、同項は「道路の敷地外に余地がないためにやむを得ない」かどうかの視点で道路占有許可を見るものであり、こうした人的要素を許可要件の一部として組み込めるかどうかという点は議論があるところです。今回の条例は、一応は、道路占有許可での裁量を具体化したものと説明することもできそうですし、地域の実情を踏まえて独自に要件として付加したものとの説明もできるでしょう。ただ、道路占有許可にひっかけての説明の限界もまた引き受けることになります。暴力団員等の排除が必要だとしても、道路占有許可固有の問題ではなく、「特許」全般に共通するものとして、暴力団排除条例に一条加えるという方法もあったかもしれません。いずれにしても、法律と条例との関係は一筋縄ではいかないことを改めて感じさせる案件です。

> ○福岡市屋台基本条例
> （市道等占用許可の基準等）
> 第九条　市長は、申請者（略）の申請の内容が道路法第三十三条第一項に規定する場合に該当する場合であって、次に掲げる基準のいずれにも適合するときに限り、市道等占用許可を与えるものとする。
> (1)　申請者が、次のいずれにも該当しないこと。
> ア　福岡市暴力団排除条例（略）第二条第二号に規定する暴力団員
> イ　福岡市暴力団排除条例第六条に規定する暴力団又は暴力団員と密接な関係を有する者
> (2)〜(4)　略
> 2　略

[5]　国の法令の規律密度と「義務付け・枠付け」の見直し

分権改革後、条例制定の権限は拡大されました。しかし、現実には法律やその下位法令の規定事項が細部にわたり、なかなか自治体の独自性を発揮する余地がないという問題が残りました。これが「国の法令の規律密度の問題」です。規律密度が高いままでは「ご自由に」といわれても、自治体は自由度を発揮することが難しいという状況にあります。その後の一連の法改正で、「義務付け（国の法令で自治体に一定の活動を義務付けること。）」や「枠付け（国の法令で自治体の活動について手続や判断基準等を枠付けること。）」の見直しが進められました。それでも、まだ、自治体にとっての法環境は厳しいものがあるといえるかもしれません。その意味でも、解釈のくふうは、特に自治体職員にとって必要なスキルといえるでしょう。

後法優越の原理

「後法は前法を破る。」という法格言があります。形式的効力が等しい同種の法令の内容に矛盾抵触がある場合、後から制定された法令が前に制定された法令より優越する効力を持つという意味です。この「後法優越の原理」は、法律相互間、政令相互間、条例相互間といった同種の法形式内においての矛盾抵触問題の解決に役立つ原理となります。というのも、同種の法形式内における矛盾抵触の場合、「形式的効力の原理」は力を発揮できませんし、所管事項が共通している場合には「所管事項の原理」の力を借りることもできないからです。

ただ、「後法優越の原理」の出番はそれほど多くありません。

普通、法令を新しく制定したり、改正したりする場合には、既存の法令をよく調べて、矛盾抵触する部分の手当て（廃止や改正）をします。ですから、「後法優越の原理」は「普通でないケース」について適用される原理といってもいいかもしれません。

この「普通でないケース」としてまず思いつくのが「立法上の整理ミス」です。ただ、立法技術と手続が精緻化した現在ではそうそうミスは生じません。となると、「後法優越の原理」が持ち出されるのは、意外に「わけあり事例」だったりします。「わけあり事例」とは、何らかの事情があり、なお、前法を一般法や特別法として存続させておく必要がある場合です。この場合、一見すると矛盾抵触した同種の法形式が存在するわけですから、「後法優越の原理」を考慮に入れて解釈することになります。「わけあり事例」の「わけ」は様々です。ただ、通常の整理が行われていない「わけ」には深い事情が横たわっていることがしばしばです。ひとつそんな事例を紹介しましょう。

食品衛生法の国庫負担

食品衛生法に関する事例です。食品衛生法五十七条には次のような国庫負担の規定が置かれています。国庫負担の規定は昭和二十二年の制定時より存在します（制定時は二十六条）。

> ○食品衛生法（昭和二十二年法律第二百三十三号）
> 第五十七条　国庫は、政令で定めるところにより、次に掲げる都道府県又は保健所を設置する市の費用に対して、その二分の一を負担する。

一　第二十八条第一項（略）の規定による収去に要する費用
二　第三十条第一項（略）の規定による食品衛生監視員の設置に要する費用
三　略
四　第五十四条（略）の規定による廃棄に要する費用
五・六　略

ところが、この規定は現在、後法優越の原理により効力を有していないとされているのです。その理由について順を追って説明します。

この国庫負担の規定は、その後制定された「予防接種法等による国庫負担の特例等に関する法律（昭和二十五年法律第二百十二号）」によって「適用しない」ものとされました。地方交付税法の前身である地方財政平衡交付金法に基く平衡交付金に繰り入れられたためです。当初、昭和二十五年度限りの措置でしたが、「地方財政平衡交付金法の一部を改正する法律（昭和二十六年法律第百三十三号）」附則二項によって、この法律が改正され、昭和二十六年度においても同様の措置がとられることになりました。この法律の規定は食品衛生法の国庫負担の規定の特別法に当たりますが、後法優越の原理が働くのはその後のことです。

○予防接種法等による国庫負担の特例等に関する法律
第一条　左に掲げる法律の規定は、その規定による国庫及び都道府県の負担が、地方財政平衡交付金法

（昭和二十五年法律第二百十一号）に基く平衡交付金に繰り入れられるため、昭和二十五年度に限り、適用しない。
一・二　略
三　食品衛生法（昭和二十二年法律第二百三十三号）第二十六条
四〜七　略

その後の事情について食品衛生法の逐条解説はこう説明しています。

「この措置は、初めは二年度に限って予定されていたが、昭和二十七年度以降もそのまま地方財政平衡交付金法（昭和二十九年以降は地方交付税法）の単位費用にこの食品衛生法のための費用が組み込まれてきている。このようなことから、現在では本条に規定するような食品衛生のための費用は、地方交付税交付金として地方公共団体に交付されており、その限りで本条の効力は停止されていることになっている。」（社）日本食品衛生協会『新訂早わかり食品衛生法　第五版　食品衛生法逐条解説』三〇七頁。

昭和二十七年度以降、食品衛生法の国庫負担に係る規定と矛盾抵触する直接の後法は存在しないものの、「予防接種法等による国庫負担の特例等に関する法律」での趣旨を踏まえて、その内容が地方交付税で措置されていることをもって、後法により効力を有しないものとされているのです。

議員のとまどい

ただ、その後においても、事あるごとに食品衛生法の国庫負担の規定は国会において問題とされます。法に基づく負担措置が直接的になされていないことが議員にとっては腑に落ちないからでしょう。たとえば、青酸入りの菓子が店頭に置かれた「グリコ・森永事件」を契機に議員提出された「流通食品への毒物の混入等の防止等に関する特別措置法」の審議では、同法の措置と食品衛生法上の措置との関係から自然とこのことに話が及びました。当時の衆議院法制局第二部長はやはり後法優越の原理からの説明をしています。

> ○刈田貞子君　そうじゃなくて、この二十六条（著者註：国庫負担の規定）の責任そのものをすっぽり地方交付税でもって措置しているんですって、そうですか。地方交付税で措置しているんですか。
> ○衆議院法制局参事（坂本一洋君）　その件は先生の方から御質問あったとおりでございます。実は食品衛生法の地方自治体に対する負担の規定でございますけれども、その後は地方交付税法の改正がございまして、これは後法ということになりまして、こちらの方で新たに地方交付税の形で見るということになりました結果、事実上前法である食品衛生法の費用負担の規定は今動いてないということです。そういうふうな御理解でよろしいと思います。
>
> 一九八七（昭和六十二）年九月一七日・第一〇九国会参議院農林水産委員会会議録第八号

前法、後法の関係がハッキリしていればいいのですが、この場合、どうも後法がハッキリしません。

「予防接種法等による国庫負担の特例等に関する法律」が規定する昭和二十五年度、昭和二十六年度はいいのですが、それ以降は地方交付税の算定に当たって「面倒を見る」しくみによって書き換えられているというわけですからなおさらです。この理解の手掛かりとなる「予防接種法等による国庫負担の特例等に関する法律」は一九八二（昭和五七）年に「行政事務の簡素合理化に伴う関係法律の整理及び適用対象の消滅等による法律の廃止に関する法律（昭和五十七年法律第六十九号）」により廃止されてしまいました。それがさらに、この件に関する前法・後法関係を分かりにくくしています。

「わけあり事例」の「わけ」

考えてみると、すべての混乱は食品衛生法の国庫負担の規定が残り続けていることなのでしょう。「働いていない」規定なら、削除してもよさそうなものです。

実は政府は削除の方向で考えていたようです。一九五七（昭和三十二）年の食品衛生法の一部改正法案において、政府は国庫負担の規定の削除を改正案文に加えていました。ところが、国会での修正で削除規定が削られてしまったのです。「直接の国庫負担ならともかく、地方交付税のなかで手当てされてしまうと、自治体において本来の目的のために使用される保証がない。」というのがその理由だったようです。その後も国庫負担の規定の削除機会はありましたが、同様の議論から削除されず現在に至っています。「わけあり事例」の「わけ」には、このような複雑な事情が関係していることがあります。

前法、後法の判定基準

法令の前後を判断する要素はいくつかあります。「前法だ」、「後法だ」という前に、前法、後法の判断基準に触れておかなければなりません。判断基準には、「成立時」、「公布時」、「施行時」の三つが考えられます。ただ、前法、後法の問題は立法者の意思の合理的な解釈の問題です。民法でも、前後の遺言に矛盾抵触があるとき、後の遺言が遺言者の意思とされます。矛盾抵触する範囲で前の遺言を撤回したものと考えられるからです。ある意味、それと同じ問題なのです。

> ○民法
> （前の遺言と後の遺言との抵触等）
> 第千二十三条　前の遺言が後の遺言と抵触するときは、その抵触する部分については、後の遺言で前の遺言を撤回したものとみなす。
> 2　略

これを法律の前法・後法関係に当てはめれば、国会の意思が示された時＝法律成立時を基準とするのが妥当ということになります。ただ、施行期日がそれぞれ確定期日で定められている場合などでは、前法・後法関係も含めて国会の意思が示されているといえます。その場合には施行時が基準となります。

「後法優越の原理」が働く範囲

後法優越の原理について述べてきましたが、実は、形式的効力を同じくする法令が矛盾抵触する場合のすべてをこの原理が解決できるわけではありません。

たとえば、不服申立てには行政不服審査法が定めるしくみのほかにいくつもの特別な不服申立て制度があります。行政不服審査法を一般法とすれば、特別法に当たる法律や規定がたくさんあるというわけです。

二〇一六（平成二十八）年四月に行政不服審査法の全部改正法が施行されました。この新行政不服審査法はこれまでの特別法からみれば後法に当たります。新行政不服審査法が施行されると、それに対する特例的な部分がすべて失われるかといえばそんなことはありません。「行政不服審査法の施行に伴う関係法律の整備等に関する法律（平成二十六年法律第六十九号）」によって一定の改正がなされた上で、依然として、特例的なしくみは残されることになります。

もうひとつ例を挙げましょう。教育公務員特例法は地方公務員である教育公務員を中心に、地方公務員法の特例を規定した法律です。

> ○教育公務員特例法
> （この法律の趣旨）
> 第一条　この法律は、教育を通じて国民全体に奉仕する教育公務員の職務とその責任の特殊性に基づき、教育公務員の任免、給与、分限、懲戒、服務及び研修等について規定する。

今後、地方公務員法が改正されたからといって、この改正規定に矛盾抵触する教育公務員特例法の規定が効力を失うことになるかといえば、話はそう簡単ではありません。こうした場合、地方公務員法の改正規定にこれまでの教育公務員特例法を廃止したり、改正したりする趣旨などが明らかに認められない限り、立法趣旨からしても、教育公務員特例法は一般法である地方公務員法に対して優先するものと解釈しなければなりません。つまり、こうした場面では必ずしも後法優越の原則が貫徹されるわけではないのです。このことは次のように説明するといいかもしれません。

「後法優越の原理の例外として特別法は一般法に勝つというのが、特別法優先の原理であって、形式的効力を同じくする法令間の矛盾抵触を解決する法理としては、まず第一に、それらが一般法、特別法の関係にあるかどうかを検討し、特別法優先の原理を適用できない場合に、後法優越の原理が働くものであるというように理解しなければならない。」林修三『法令解釈の常識』一七二頁。

特別法優先の原理

四つの原理のうち、最後の「特別法優先の原理」です。

一般的な規定に対して、特定の場合、特定の対象、特定の場所、特定の時期に限って適用される特例的な定めを「特別法」といいます。これに対して、一般的な定めの方を「一般法」といいます。特別法優先の原理は、形式的効力を同じくする法令間の矛盾抵触を解決する基準のひとつです。この原理は、後法優越の原理の例外としてこれに優先して働きます。

特別法の書きぶり

特別法優先の原理は、規定の書きぶりとして明らかにされることがあります。次の例のように「○○法第×条の規定にかかわらず、」などとある場合には、そうした規定がある法律の条文が特別法であり、○○法第×条の規定に優越することは明らかです。

○平成二十三年東北地方太平洋沖地震等による災害からの復旧復興に資するための国会議員の歳費の月額の減額特例に関する法律

（国会議員の歳費の月額の減額特例）

第二条　議長、副議長及び議員の歳費の月額は、**歳費法第一条及び国会法（略）第三十五条の規定にかかわらず、**歳費法第一条に規定する額からそれぞれ五十万円を減じて得た額とする。

2　略

○建築士法

（懲戒）

第十条　国土交通大臣又は都道府県知事は、その免許を受けた一級建築士又は二級建築士若しくは木造建築士が次の各号のいずれかに該当する場合においては、当該一級建築士又は二級建築士若しくは木造建築士に対し、戒告し、若しくは一年以内の期間を定めて業務の停止を命じ、又はその免許を取り消すことができる。

一・二　略
2　国土交通大臣又は都道府県知事は、前項の規定により業務の停止を命じようとするときは、行政手続法（略）第十三条第一項の規定による意見陳述のための手続の区分にかかわらず、聴聞を行わなければならない。
3～6　略

また、次の消費者契約法十一条一項の規定の書きぶりにも注目です。その意味から消費者契約については、民法や商法の特別法である消費者契約法の規定がまず適用されるべきことを読みとることができます。

○消費者契約法
（他の法律の適用）
第十一条　消費者契約の申込み又はその承諾の意思表示の取消し及び消費者契約の条項の効力については、この法律の規定によるほか、民法及び商法の規定による。
2　略

ただ、特別法とされる法令にこうした書きぶりの規定がなくとも、特定の場合、特定の対象、特定の場所、特定の時期についての特例を定めた法令が、一般的な定めをした法令に優先するのは、ことがらの性質上、当然のこととして受け入れられています。

定価一五〇円と表示があっても、「タイムセール！今だけ一〇〇円」との店内放送があれば、疑うことなくそれは一〇〇円なのです。

特別法の例

特別法の例はそれこそ無数にあるといってもいいでしょう。よく挙げられる例としては、「民法の特別法が商法である」というものです。ただ、一般法と特別法というポジションは相対的なものです。一般に、会社法は商法の特別法だと考えられています。民法との関係では特別法でも会社法との関係では商法が一般法なのです。その特別法とされる会社法も会社に関する法制においては、会社法一条が示すように一般法である面もあります。

> ○会社法
> （趣旨）
> 第一条　会社の設立、組織、運営及び管理については、他の法律に特別の定めがある場合を除くほか、この法律の定めるところによる。

また「特別法」というと、法律全体が一般法の特例を定めたように勘違いしやすいものです。たしかに、商法のようにある程度まとまった民法の特例的な規定が並ぶ法律はあります。

たとえば、租税特別措置法は、所得税、法人税、相続税などたくさんの内国税についての減免措置その他の特例を定めたものです。所得税法、法人税法、相続税法などたくさんの税法の特別法に当たります。このようにひとつの法律がまるごと、特別法的な規定によって構成されている場合には一般法と特別法との関係は分かりやすいものです。しかし、ある法令の一部の規定のマイナーチェンジにしか過ぎないものもまた特別法と呼ばれます。先に挙げた建築士法十条二項のような例がそれです。「～特別措置法」、「～の特例に関する法律」といった題名があれば特別法であることがある程度推測できるのですが、こうしたマイナーチェンジにしか過ぎない特別法の場合には題名からも分からず、特別法と見抜くのがたいへんやっかいです。そのときには、さきほどお話ししたように規定の書きぶりから、特別法であることを判断するしかありません。もし、特別法であることに気が付かなければ、一般法の存在を知らないわけですから、正確な条文の解釈ができないことになってしまうのです。

次の発言はある会社の社長の発言です。AとBの違いを意識してみましょう。なお、この会社の基本的な始業時間は午前九時、終業時間は午後六時となっています。

A　六月より一〇月まで、わが社でもサマータイムを導入しようと思います。この間、始業時間は午前八時、終業時間は午後五時とします。

B　六月より一〇月まで、わが社でもサマータイムを導入しようと思います。この間、終業時間は午後五時とします。

Aは、もちろん、始業時間・終業時間ともまるまる一時間前倒しになるという意味です。では、Bはどうかというと、始業時間については何も触れていないのですから、サマータイムが導入されている間は終業時間だけが一時間早まると理解できます。始業時間について社長は何もいっていませんが、社員なら午前九時始まりであることはみんな知っているはずです。

吉田利宏『元法制局キャリアが教える　法律を読むセンスの磨き方・伸ばし方』一八五・一八六頁

Bの例でいえば「午前九時始まりであることはみんな知っている」として、社長は何も触れませんでした。法令においても、条文は「合理的」にできていますから、「当たり前のことは書かない」ということが徹底されています。ただ、時にはこの合理性がかなり高い水準である場合がみられます。

罰則の合理的な読み方

たとえば、国民の権利義務との関係で最も重要な罰則規定です。普通、罰則規定は以下のように書かれることが普通です。

第〇条　第△条の規定に違反して～した者は、一年以下の懲役又は五十万円以下の罰金に処する。

ところが、この規定の本当の意味は以下のようなものです。「　」の部分を補って読まなければなりません。

> 第○条　第△条の規定に違反して～した者は、「一月以上」一年以下の懲役又は「一万円以上」五十万円以下の罰金に処する。

それは、刑罰の基本を定めた刑法総論に次のような規定があるからです。

> ○刑法
> （懲役）
> 第十二条　懲役は、無期及び有期とし、有期懲役は、一月以上二十年以下とする。
> 2　略
> （罰金）
> 第十五条　罰金は、一万円以上とする。ただし、これを減軽する場合においては、一万円未満に下げることができる。

刑法各論も含めて、具体的な刑罰規定は刑法総論部分を基礎として築かれています。刑法総論と個別の刑罰規定との関係は、一般法と特別法との関係に似ているといえます。ただ、個別の罰則規定には刑法総則に加えて他の法令の規定を前提に成り立っているものもあります。次のエコツーリズム推進法二十条はその例です。ここでは条例で「三十万円以下の罰金に処する旨の規定を設けることができる」としていますが、この意味は地方自治法十四条三項を前提にしないと理解できません。

○エコツーリズム推進法
第二十条　第九条第一項第四号の規定に基づく条例には、同条第二項の規定による市町村の当該職員の指示に従わないでみだりに同号に掲げる行為をした者に対し、**三十万円以下の罰金**に処する旨の規定を設けることができる。

○地方自治法
第十四条　①・②　略
③　普通地方公共団体は、法令に特別の定めがあるものを除くほか、その条例中に、条例に違反した者に対し、二年以下の懲役若しくは禁錮、**百万円以下の罰金**、拘留、科料若しくは没収の刑又は五万円以下の過料を科する旨の規定を設けることができる。

文末が「設けることができる」とあっても、「地方公共団体に三十万円以下の罰金の制定権を与えた」ものと理解しては誤りとなります。地方自治法十四条三項では条例での罰金の上限を「百万円」としています。また、「二年以下の懲役や禁錮」という選択肢もあります。エコツーリズム推進法二十条は、それを「三十万円以下の罰金」に制限しているのです。特定の場合に自治体の条例制定権を制限しているのですから、一般法である地方自治法十四条三項に対してエコツーリズム推進法二十条は特別法であり、地方自治法十四条三項がいうところの「特別の定め」のひとつということになります。

エコツーリズム推進法二十条を解釈するには、これまでの理解を前提に、わざわざ罰則の量刑を制限する特別法を定める必要性はなんだろうと考える必要があります。この場合では、法律で定められた禁止事項についての指示違反者に三十万円以下の罰則が科せられています（エコツーリズム推進法十九条一号）。そこで条例で禁止事項を追加する場合でもその罰則にあわせることが期待されているのです。

国家賠償法四・五条の意味

「特別法であること」、さらには「一般法はどの法令（規定）なのか」ということが分かれば、まずは解釈に困らないのが普通ですが、それが分かっていても条文の解釈に苦しむこともあります。たとえば、国家賠償法四条と五条には次のような規定があります。この条文は大学の講義ではあまり触れられませんが、どうしてどうして法令の解釈センスを鍛えてくれます。

○国家賠償法
第四条　国又は公共団体の損害賠償の責任については、前三条の規定によるの外、民法の規定による。

第五条　国又は公共団体の損害賠償の責任について民法以外の他の法律に別段の定があるときは、その定めるところによる。

まず四条です。「国家賠償法が民法の特別法である」というシンプルな読み方では不十分です。この条文は国家賠償法と民法との関係について二つのことを述べていると考えられています。ひとつは、①国家賠償法が適用されるケースであっても補充的に民法の規定が適用されるということです。時効の援用（民法百四十五条）、損害賠償の方法及び過失相殺（民法七百二十二条）などの規定が補充的に働きます。この意味においては国家賠償法一条から三条までは民法の特別法的な位置付けと理解することができます（特別法かどうかは議論があるようですので「特別法的な位置付け」と表現しておきます。）。

次に②国家賠償法が適用されないケースについても民法の規定が適用されることを示したものということができます。いわゆる私経済作用については国家賠償法が適用されないわけですが、そうした場合でも民法の不法行為の規定が働くことを意味しています。

では五条はどうでしょうか。五条は、国や公共団体の損害賠償責任についての特別法があればそれが優先するという意味になります。国や公共団体の損害賠償責任の範囲や賠償額を限定するような他の法律の定めがもしあれば、その法律の規定が優先するのです。

国家賠償法四条での「民法」

話を複雑にして恐縮ですが、国家賠償法四条の「民法」には「自動車損害賠償保障法」や「失火ノ責任ニ関スル法律（以下「失火責任法」といいます。）」も含まれると考えられています。さきほど、国家賠償法は民法の特別法的な位置付けにあるといいましたが、①のケースの場合、市民生活のベースとして民法があり、それによりながらも国家賠償につき特殊な部分だけ国家賠償法を適用するということになります。ただ、何が特殊で、何が一般の市民相互の関係を当てはめるべきかはハッキリしません。この場合、特別法と一般法とが分かっていても、その関係が直ちに明らかでないといえるのです。

この四条については有名な判例（最判昭和五三・七・一七）がありますが、これに関する事件はこんなものでした。

> ある火事場に消防署職員が出動しましたが、すでに鎮火していました。消防署職員は残り火の点検をして引き上げましたが、引き上げ後七時間半で再び出火し、建物が全焼してしまいました。その建物で喫茶店を営業する者が残り火点検が不十分だったとして国家賠償法一項一項に基づき損害賠償を請求しました。

失火責任法では、失火の場合には重過失があるときにしか不法行為による損害賠償責任を負わないとされています。裁判では、この規定と、故意・過失を前提とする公務員の賠償責任を定めた国家賠償法一条一項との関係が問題となりました。

○明治三十二年法律第四十号（失火ノ責任ニ関スル法律）
民法第七百九条ノ規定ハ失火ノ場合ニハ之ヲ適用セス但シ失火者ニ重大ナル過失アリタルトキハ此ノ限ニ在ラス

○国家賠償法
第一条　国又は公共団体の公権力の行使に当る公務員が、その職務を行うについて、故意又は過失によつて違法に他人に損害を加えたときは、国又は公共団体が、これを賠償する責に任ずる。
2　略

○民法
（不法行為による損害賠償）
第七百九条　故意又は過失によって他人の権利又は法律上保護される利益を侵害した者は、これによって生じた損害を賠償する責任を負う。

最高裁判所は、国又は公共団体の損害賠償の責任について以下のように判示しています。

「国家賠償法四条は、同法一条一項の規定が適用される場合においても、民法の規定が補充的に適用されることを明らかにしているところ、失火責任法は、失火者の責任条件について民法七〇九条の特則を規定したものであるから、国家賠償法四条の『民法』に含まれると解すのが相当である。また、失火責任法の趣旨にかんがみても、公権力の行使にあたる公務員の失火による国又は公共団体の損害賠償責任についてのみ同法の適用を排除すべき合理的理由も存しない。したがつて、公権力の行使にあたる公務員の失火による国又は公共団体の損害賠償責任については、国家賠償法四条により失火責任法が適用され、当該公務員に重大な過失のあることを必要とするものといわなければならない。」（最判昭和五三・七・一七）

すでに述べたように、法令における最終的な解釈権は裁判所にあります。ましてや最高裁判所の解釈ですから批判することは可能でも、実務上はこれに従うしかありません。

ただ、この最高裁判決がなかったとしたら、失火責任法と国家賠償法一条一項の関係はそう簡単には理解できないかもしれません。失火責任法の立法趣旨は、失火者は自分の財産を失うのが普通だから大目に見てあげるべき事情があるとか、木造家屋の多いなどの事情のある日本においては多額の損害賠償に耐えられないといったことであり、そのことは、この事件の二審判決（名古屋高判昭和五二・九・二八）でも明らかにされています。失火責任法が民法の特別法だとしても、国や自治体の活動の結果として賠償責任が問題となる場面では適用させないという判断もないとはいえません。四条の「民法」が明らかにならなければ五条の「民法以外の他の法律」の理解も進まないという問題もあります。条文上は、一般法と特別法との関係が分かりやすく示されている国家賠償法四条、五条でこうなのですから、特別法の理解はなかなか難しいものなのです。

前法である特別法と後法である一般法との関係

一般に、前法である特別法と後法である一般法では、特別法を定めた趣旨から特別法が優先されます。先に教育公務員特例法と地方公務員法との関係などでお話したように、「後法優越の原理」の例外として、特別法は一般法に勝つというのが「特別法優先の原理」だからです。

ところがこれまた原則どおりにいかない場合もあります。林修三氏は机上で想定した例と断わった上で次のような例を挙げています。

「登録免許税法で会社の資本増加の登記の登録免許税が千分の七と定められているのに対し、租税特別措置法でAという特殊会社については、特に資本増加の登記の登録免許税を千分の五とするという特例を定めていたとする。この場合、租税特別措置法の規定が特別法であることは明らかであろう。ところが、その後、登録免許税法の一部が改正されて、およそ会社の資本増加の登記の登録免許税の税率が千分の三に軽減されたとする。そういう場合に、租税特別措置法の千分の五という従来の特例規定がかりに改正されずにそのまま放置されていたとしたときは、両者の関係をどう解釈すべきか。後法優越の原理によって租税特別措置法の問題の規定は、後法である登録免許税法の改正後の規定と矛盾抵触する限度で効力を失ったとみる考え方と、いや、なお特別法として存続するのだという考え方との二つの考え方が立ちうるわけであるが、従来の租税特別措置法の規定が、Aという特殊会社の資本増加を容易にする意味で設けられていた優遇措置であるという点に重点を置いて考えれば、登録免許税の改正によって従来のA会社に対する特別の軽減税率よりも一般的の税率の方が低くなった場合に、A会社だけを今度は特に虐待する趣旨までが含まれているとは解し難いから、後法である改正後の登録免許税法の全体の趣旨から考えて、そういう場合は、特別法優先ではなく、後法優越の原理がまず働くものと解しなければなるまいということになるわけである。」林修三『法令解釈の常識』一七八・一七九頁。

解釈の苦労を減らす

法制局職員として仕事をするようになって一番苦労したのが特別法の読み方でした。学校でおよそ習うことがないテクニカルな解釈技術を必要とするからです。まさに「習うより慣れよ」の技術といえるでしょう。弁護士であろうと、公務員であろうと実務家となった誰もが通る道なのかもしれません。

ただ、苦労を減らすことはできるように思います。まず、立法技術的には「○○法第×条の規定にかかわらず」と規定するなどして、一般法との関係を明らかにする努力をすべきでしょう。こうした規定は「後法優越の原理」と「特別法優先の原理」との関係も明確にしてくれます。たとえ、「○○法第×条」が後に改正されたとしても（特別法にとってはこの改正法が後法です。）、特別法が優先されるべきことが法文上、明らかとなっているからです。法令の数が増え、関係が複雑となっている現代では、読み手に高い合理性を求めるのはあまりにも酷というものです。

また、解釈技術的には、法令の趣旨の理解とそれを正確に探る方法を身につける必要があります。国家賠償法四条でみたように、どんなに頑張っても法文には表現上の限界があります。法規的解釈を示すものとして、「目的規定」や「趣旨規定」の重要性をお話しましたが、特別法と一般法との理解においても、法令（規定）の趣旨の理解が欠かすことができません。

法令作成の常識

第一　立案の基本態度

立法すべき問題かどうかの検討

今の人の言葉でいうと「ざっくりした分析」といわれそうですが、新たな問題が生じたときの行政の対応は四段階あるように感じています。まずは情報を集めて特段対応をしないという段階です。「注視してゆきたい」という場合がこれです。さらに問題が解決しなかったり、複数件起こったりした場合にはなんとか「くふう」で対応しようとします。行政内部で広く問題を共有したり、対応に関する通知なども発出するのもこの段階です。それでも解決しない場合には予算をつけての対応へと進みます。補助金だったり、担当者を増やしての取締りの強化だったり、広報の強化だったりといろいろです。さらにそれでも解決しない場合に行われるのが立法的な解決です。立法的な解決にも政省令の改正などで対応できる場合もあるでしょうし、新法や法改正を求めなければならないレベルのこともあるでしょう。

何が言いたいのかというと、ある問題が生じたときに、まずは「立法で解決すべきことであるのかどうか」を考えなくてはいけないということです。問題解決の方法を一通り考えてみて、そのうち立法によって解決すべき問題は何か、それを見極めるべきといえます。

立法の必要性、合理性を支える社会的、経済的、政治的、文化的な事実のことを「立法事実」といいますが、立法事実の重要性がよく言われるのもそのためです。近頃は基本法（基本条例）が多く制定されたり、各地で乾杯条例（特産のお酒などで乾杯することを奨励する条例のこと）が増えたりと、法として期待される領域が広がっています。

○スポーツ基本法
（目的）
第一条　この法律は、スポーツに関し、基本理念を定め、並びに国及び地方公共団体の責務並びにスポーツ団体の努力等を明らかにするとともに、スポーツに関する施策の基本となる事項を定めることにより、スポーツに関する施策を総合的かつ計画的に推進し、もって国民の心身の健全な発達、明るく豊かな国民生活の形成、活力ある社会の実現及び国際社会の調和ある発展に寄与することを目的とする。

○京都市清酒の普及の促進に関する条例
（目的）
第一条　この条例は、本市の伝統産業である清酒（以下「清酒」という。）による乾杯の習慣を広めることにより、清酒の普及を通した日本文化への理解の促進に寄与することを目的とする。

それでもなお、法の本質は権力を背景とする行為規範の定立にあります。するべきことや、してはならないことを定めて、それを人々に強制する性格がベースなのです。「もちろん、法ないし法令は、すべてがその違反、不遵守に対し刑罰その他の不利益をもって臨むいわゆる強行規定ばかりでなく、訓示規定、任意規定ないしは準則などといわれる（原文ママ）。公務員あるいは一般人民にその行動のめやす、基準を与えるにとどまるものもあるが、法の本質が、その強要性、つまり、人がそれに従うことを要求するという性格をもつことにあることはまちがいない。」（林修三『法令作成の常識』五・六頁）といえるのです。そうであるなら、そもそも道徳に任せるべき部分についてはそれに任せるべきですし、行政が行うべきことであっても、純粋に予算措置だけで対応できるなら、必ずしも立法の必要はないということになります。また、広い意味では立法の必要はあっても、政省令で対応可能なら法律での対応は必要ないと判断することもできます。

それぞれの手段のメリット・デメリットを検討しながら、立法でしか解決できないこと、立法によって解決すべきことを見つけたとき始めて立法を考えるものなのです。

剣の達人ともなると、やたらと刀を振り回すことはなかったといいます。相手が切りかかってきても、鍋蓋か何かその辺りにあるもので凌いで、それでも相手に「すごみ」を感じさせ退散させる。法律にしても条例にしても軽々に定めるべきものではありません。まずは「立法すべき問題かどうか」を検討すること。これは法律や条例の立案において最初にすることといえるでしょう。

意識すべき実効性～義務履行の確保～

剣の達人の「すごみ」もそうですが、法令の作用のひとつがこの「すごみ」にあります。義務規定や禁止規定に罰則がある場合を考えてみれば分かりやすいと思いますが、威嚇的、予防的な効果が期待できます。ただ、「すごみ」が力を発揮するには、法令が現実に対象に適用され、問題が解決し得るものでなくてはなりません。社会の大多数の人が法令を守るという状態が続かなければならないのです。これが「法の実効性」の問題です。直接的には、法令が定めた義務について、その履行の確保が問題となります。罰則などの整備もそうした「しかけ」のひとつです。

以前、こんなことがありました。宝塚市はパチンコ店やラブホテルなどの建築を規制する条例を制定しました。条例は、これらの建物を建築するに当たって市長の同意を必要としていました。そのようななか、パチンコ店建築の同意を拒否された者が同意を得ないまま、建築確認を得て、パチンコ店の建築を始めます。これに対して市長は条例に基づき建築中止命令を出しましたが、それでも工事をやめようとしません。たまらず市は建築続行禁止の仮処分を申し立て、建築続行禁止を求める民事訴訟を起こしました。ところが、最高裁判所の判断は「訴えの却下」でした。裁判の対象である「法律上の争訟」（裁判所法三条一項）に当たらないというのがその理由です。

○裁判所法

第三条（裁判所の権限）　裁判所は、日本国憲法に特別の定のある場合を除いて一切の法律上の争訟を裁判し、その他法律において特に定める権限を有する。

②・③　略

「法律上の争訟」とは、権利義務に関わるトラブルであり、そのトラブルが法令の適用によって解決するものとされています。判決は「国又は地方公共団体が専ら行政権の主体として国民に対して行政上の義務の履行を求める訴訟は、法規の適用の適正ないし一般公益の保護を目的とするものであって、自己の権利利益の保護救済を目的とするものということはできないから、法律上の争訟として当然に裁判所の審判の対象となるものではなく、法律に特別の規定がある場合に限り、提起することが許されるものと解される。」（宝塚市パチンコ店規制条例事件　最判平成一四・七・九）としたのです。この判例は、当時の自治体に大きな衝撃を与えました。条例で義務付けをしようが、命令を発しようが守ってもらえないようなら、条例ばかりか、自治体に対する住民の信頼は地に落ちます。宝塚市パチンコ店規制条例事件は、行政上の義務履行手段の重要性を改めて思い起こさせてくれたのです。

意識すべき実効性～内容の妥当性～

ただ、義務履行手段だけで法律の実効性の問題は解決しません。広い意味での実効性を確保するためには、そもそも、法令の内容が大多数の人が受け入れられるものでなくてはなりません。このことは、法の目的や手段の合理性とも関わる問題です。アメリカの禁酒法のように、いくら高い理想を掲げても、社会として受け入れがたい法律は、結局は廃れていくことになります。

実は、アメリカの禁酒法制定の数年後、日本でもお酒にまつわる法律が制定されました。未成年者飲酒禁止法（大正十一年法律第二十号）がそれです。この法律は題名のとおり、二〇歳未満の飲酒だけに絞ったものです。しかも、二〇歳未満の者の飲酒に対する罰則はなく、親などが未成年者の飲酒を知りながら制止しなかった場合や、酒類を販売や提供する営業者が二〇歳未満の者が飲酒することを知りながら酒類を販売などした場合に「科料」という軽い罰則を科すものでした。ここには、社会として受け入れ可能なレベルからスタートさせようとした立法者の意図が見て取れます。時代が下って、未成年者飲酒禁止法は一九九九（平成一一）年の改正で営業者の違反についての両罰規定を整備し、翌年、営業者の違反について罰則を「五十万円以下」に引き上げました。また、二〇〇一（平成十三）年の改正では、罰則はないものの、営業者に年齢確認などの義務を課す規定を整備しています。もともと、飲酒に関しては寛容なところがある日本社会ですが、社会意識の変化に応じて未成年者飲酒禁止法も整備してきたと評価することができます。現在の未成年者飲酒禁止法一条は次のようなものです。現在においても一項及び四項についての罰則はありません。

○未成年者飲酒禁止法
第一条　満二十年ニ至ラサル者ハ酒類ヲ飲用スルコトヲ得ス
② 未成年者ニ対シテ親権ヲ行フ者若ハ親権者ニ代リテ之ヲ監督スル者未成年者ノ飲酒ヲ知リタルトキハ之ヲ制止スヘシ
③ 営業者ニシテ其ノ業態上酒類ヲ販売又ハ供与スル者ハ満二十年ニ至ラサル者ノ飲用ニ供スルコトヲ

知リテ酒類ヲ販売又ハ供与スルコトヲ得ス

④　営業者ニシテ其ノ業態上酒類ヲ販売又ハ供与スル者ハ満二十年ニ至ラザル者ノ飲酒ノ防止ニ資スル為年齢ノ確認其ノ他ノ必要ナル措置ヲ講ズルモノトス

「ざる法」を避ける知恵とくふう

罰則が十分整備されていない法律を「ざる法」と批判することがあります。ただ、この未成年者飲酒禁止法のように、罰則を整備した場合の実効性も踏まえ、あえて罰則を規定しない例も存在します。罰則を規定しても、違反事例が多く、それを十分に取り締まることができないのなら、それこそ「ざる法」のそしりを免れないからです。

「法令は社会とともにある」といえるでしょう。社会とともに法令が適切に改正されることが実効性には欠かせません。とはいえ、法の本質が強制にあることを考えると、これまで法令に寄せていた国民の信頼感を裏切るわけにはいきません。やや強引に「ついてこい！」と言ってきたのですから急に大きく進路変更することも難しいのです。こうしたことから、法令が社会変化の後追いとなることもあり「法令が社会に追いついていない」と、これまた批判の的になります。「批判は覚悟のうえです。法令とはそういうものです」。昔の法制担当者ならそう開き直るかもしれませんが、現代の法制担当者ならぐっと堪えて知恵を出さなければなりません。昔以上に立法技術が発達していますし、法律の役割も広がっています。たとえば、新しい価値観を導入するに当たっては「基本法（基本条例）」という選択肢もあります。また、新たな規制の強化などに当たっては、手厚い経過措置で急激な変化を避ける方法（激変緩和措置）もあります。施行期日を先にする、段階的に施行するという方法もあるでしょう。こうした手法も法の実効性の確保という面から考えてゆく必要があります。

誰にでも分かるものかどうか

法令の実効性が「社会として受け入れ可能なものかどうか」にかかっているとしたら、普通の知識や常識を備えた人が規定内容を理解できるものでなければなりません。刑罰法規についての判断ですが、徳島市公安条例事件判決（最大判昭和五〇・九・一〇）では「ある刑罰法規があいまい不明確のゆえに憲法三一条に違反するものと認めるべきかどうかは、通常の判断能力を有する一般人の理解において、具体的場合に当該行為がその適用を受けるものかどうかの判断を可能ならしめるような基準が読みとれるかどうかによってこれを決定すべきである。」と述べています。しごく当然の判断です。たとえば、特段の基準を示すことなく、「市長が必要があると認めるときは、～しなければならない」などと義務を課したり、「望ましくないと認めるときはこの限りでない」として国民（住民）の権利を制限するのは、罰則がなくとも、問題がある条文と言わざるを得ません。

「正確さ」における法令用語の役割

評判が芳しくないのが「法令用語」です。独特な意味での使い方も多く、法令が普通の知識と常識を備えた人が理解できるものでなければならないとする原則に反するように思われるかもしれません。ただ、「分かりやすさ」の一方で、法令には「正確さ」も求められます。法令は条文に使われている文字、用語、文章の形式によって解釈されるものです。立法者の意図が誤って伝わるようではいけませんし、ましてや用語の解釈などから条文の解釈がさまざまに考えられるという事態は避けなければなりません。ですから、これまで長きにわたって使われてきた文字、用語、文章の形式を踏襲することは意味のあることなのです。

法令用語のなかには独特な意味のものもありますが、それも日常用語との峻別を意識してのものです。法文の「分かりやすさ」は用語のルール性などが持つ役割を理解した上での「分かりやすさ」ということになります。

「分かりやすさ」を目指す試み

二〇〇六（平成十八）年、会社法制定に当たってこんなことがありました。会社法は旧商法から会社に関する部分を抜き出して再編成したものですが、その際に文語体・片かな書きの条文を口語体・ひらがな書きに改めました。この過程で一部「意図せざる」意味の変更が行われてしまったのではないかとの指摘があります。中京大学法科大学院の池野千白先生は会社法十六条での代理商の定義について以下のように述べています。

「旧商法四十六条は、『代理商トハ使用人ニ非ズシテ一定ノ商人ノ為ニ平常其ノ営業ノ部類ニ属スル取引ノ代理又ハ媒介ヲ為ス者ヲ謂フ』と、規定していた。これに対して、会社法における『その平常の』の『の』は、いったいどこにかかるのか。旧商法の『平常』は、明らかに副詞的意味合いであり、『代理又は媒介を為す』にかかることは明白である。会社法の『その平常の』は形容的使用であり、事業にかかってしまうのか。なぞである。」池野千白「会社法の問題点と改正要綱―コピペ立法は現代化なのか？ そして、会社法の問題点は改善されるのか？」Chukyo lawyer 一八号二頁

> ○会社法
> （通知義務）
> 第十六条　代理商（会社のためにその平常の事業の部類に属する取引の代理又は媒介をする者で、その会社の使用人でないものをいう。以下この節において同じ。）は、取引の代理又は媒介をしたときは、遅滞なく、会社に対して、その旨の通知を発しなければならない。

また、会社法では商法と同様の規定についても商法の規定をできるだけ避けて書下ろしをしています。「準用」という手法を多用しないことも「分かりやすく現代語化する」ことだったようです。しかし、商法との違いが関係する条文を対比してみないと分からないという「分からなさ」を生じさせているように思います。法令用語などには長い時間の中で培った合理性があるものです。「分かりやすく書

く」ことは、こうした合理性と共存する形で行うべきなのでしょう。たとえば、先に紹介した一般法と特別法との関係の明示はその例です。また、準用における読替規定を丹念に表現することや、条文の主語と述語を近づけるというシンプルなことでも案外、実現できるものです（一四六頁参照）。

第二　法令の体裁上の諸約束

国の「公用文」の用字・用語の基準

国の公用文の用字・用語の基準は、「公用文における漢字使用等について（平成二十二年十一月三十日付け内閣訓令第一号）」です。この訓令が出された二〇一〇（平成二十二）年一一月三〇日は、新しい常用漢字表が告示された日でもあります。

常用漢字表は「一般の社会生活において現代の国語を書き表すための漢字使用の目安」に過ぎません。ところが、「公用文における漢字使用等について」では以下のように書かれています。

> 公用文における漢字使用は、『常用漢字表』（平成二十二年内閣告示第二号）の本表及び付表（表の見方及び使い方を含む。）によるものとする。なお、字体については通用字体を用いるものとする。

たしかに、常用漢字は、一般の市民にとっては「漢字使用の目安」に過ぎないものですが、内閣の訓令で命じられれば、行政職員はこれを「よりどころ」としなければならなくなります。これが、「公用文における漢字使用等について」発出の意味なのです。この訓令では、ほかに、主として以下のようなことが記されています。

・「余り」、「必ず」、「必ずしも」、「極めて」、「少なくとも」、「既に」、「直ちに」、「常に」、「特に」、「初めて」、「最も」、「専ら」などの副詞や「我が（国）」などの連体詞は漢字で書く。
・「及び」、「並びに」、「又は」、「若しくは」以外の接続詞はひらがなで書く。
・（　）の中に示した例のように用いるときは、原則として、ひらがなで書く。
こと（許可しないことがある。）、できる（だれでも利用ができる。）、とおり（次のとおりである。）、とも（説明するとともに意見を聞く。）、ほか（そのほか…、特別の場合を除くほか…）
・公用文における送りがなの付け方は、原則として、「送り仮名の付け方」（昭和四十八年内閣告示第二号）による。

国の「法令」の用字・用語の基準

法令も公用文の一部ですが、法令については、さらに「法令における漢字使用等について（平成二十二年十一月三十日付け内閣法制局長官決定）」があります。「常用漢字表」、「公用文における漢字使用等について」を受けて内閣法制局長官が定めたものです。内閣法制局が内閣提出法案、政令案、条約案を審査するという権限から、これらについては「法令における漢字使用等について」によることになります。

○内閣法制局設置法
（所掌事務）
第三条　内閣法制局は、左に掲げる事務をつかさどる。
一　閣議に附される法律案、政令案及び条約案を審査し、これに意見を附し、及び所要の修正を加えて、内閣に上申すること。
二　法律案及び政令案を立案し、内閣に上申すること。
三～五　略

逆にいえば、内閣法制局の所掌から「法令における漢字使用等について」は省令には及びませんし、ましてや議員提出法案に効力を及ぼすものでもありません。しかし、実際には、法律や政令とは異なった書き方を省令でするということはしませんし、議員立法といえども、成立後は法律として変わりがないのですから、異なる書き方をする合理性はありません。そのため、内閣法制局長官が決定した「法令における漢字使用等について」がすべての国の法令における用字・用語の基準となっています。

「法令における漢字使用等について」では、「常用漢字表」と「公用文における漢字使用等について」

によることを原則としながらも、その例外が規定されています。その主なものは以下のようなものです。

・「潰滅」、「広汎」、「破毀」などは、常用漢字表により表記可能になったが、これまでどおり、「壊滅」、「広範」、「破棄」を用いる。
・「虞（おそれ）」、「恐れ」、「且つ」、「従って（接続詞）」、「但し」、「但書」、「外（ほか）」、「他（ほか）」、「又（また・「又は」は除く。）」、「因る（よる）」などは、常用漢字表にあるが、平仮名で表記する。
・専門用語などでほかに言い換える言葉がなく、平仮名で表記すると理解が困難なものは、その漢字をそのまま用いてこれに振り仮名を付ける。たとえば「瑕《か》疵《し》」、「涵《かん》養」、「強姦《かん》」、「砒《ひ》素」など
・「拘わらず」は使わず「かかわらず」を用いる。「之」は使わず「これ」を用いる。「此」は使わず「この」を用いる。「以て」は使わず「もって」を用いる。
・平仮名書きにする際に、単語の一部だけ、平仮名書きに改める方法はできるだけ避ける。この原則から「あっ旋」ではなく「あっせん」を用いる。ただし、一部を漢字にした方が分かりやすい場合には一部を漢字にして使ってもよい。「し尿」、「出えん」、「と畜」、「ばい煙」、「漏えい」などがその例。
・常用漢字表にない漢字や音訓を平仮名書きにする場合、平仮名の部分に傍点（強調するために文字の右側につける点）を付けることはしない。

なお、常用漢字表が改められた関係で以下の語が漢字表記することになりました。法令でよく使われるものだけ挙げておきます。これまで振り仮名を付して使用していたものも振り仮名がいらなくなります。

覚醒・毀損・禁錮・勾留・失踪・遡及・賭博・破綻・補塡・賄賂・関わる・鑑みる・遡る

実物を手元に置こう

ここでは、法令でよく使いそうなものだけを抜き書きしましたが、「常用漢字表」、「公用文における漢字使用等について」、「法令における漢字使用等について」はインターネット上からダウンロードしておくことをおすすめします。また、こうした資料をまとめた書籍も発刊されていますからそれを購入するのもいいでしょう。

公務員や法律関係の有資格者にはもちろんですが、ビジネスの場においても正しい用字・用語のルールは文書とその書き手に対する信頼につながります。用字や用語に迷ったときに、調べつつ身に付けたいものです。

自治体の法令の用字・用語の基準

次は自治体における法令の用字・用語の基準です。結論から先にいうと、国の基準に準じた用字・用語が用いられています。「公用文規程」（訓令）などで国の基準に準ずることを明らかにすることが多いようです。

> ○釧路市公用文規程
> （用字及び用語）
> 第七条　公用文に用いる漢字、仮名遣い、送り仮名及び外来語の表記は、次の範囲による。ただし、固有名詞、専門用語又は特殊用語で特別の表記を必要とするものは、この限りでない。
> (1)　常用漢字表（平成二十二年内閣告示第二号）
> (2)　送り仮名の付け方（昭和四十八年内閣告示第二号）
> (3)　現代仮名遣い（昭和六十一年内閣告示第一号）
> (4)　公用文における漢字使用等について（平成二十二年内閣訓令第一号）
> (5)　法令における漢字使用等について（平成二十二年十一月三十日付け内閣法制局長官決定）
> (6)　外来語の表記（平成三年内閣告示第二号）
> 2・3　略

なかには、国の基準に準じながらも一部、独自の用字などを取り入れている自治体もあります。次の「障がい」の文字についての扱いなどはその例です。

○（越前市）文書の作成に係る書式、用字等に関する訓令
（障害の表記）
第七条の二　国が「障害」の表記の在り方を決定する日までは、「障害」の文字を含む用語（人を表すものに限る。）を用いて文書を書こうとする場合であって、当該用語中の「障害」の文字を「障がい」の文字に置き換えた語を用いて当該文書を書くことが当該文書の個々の規定（一般文書にあっては、個々の文）の趣旨を踏まえた上で適切と認めるときは、前条第二項又は第三項の規定にかかわらず、その置き換えをした語を用いて文書を書くことができる。ただし、（以下、略）。
2　略

文語体、片仮名書きの法令の改正

文語体、片仮名書きの法令もめっきり少なくなりましたが、先に紹介した未成年者飲酒禁止法のように、文語体、片仮名書きの法律もいまだに存在します。こうした法令の改正方法も記しておきます。まず、文語体、片仮名書きの法令を改正しようとするときには、これまでどおり文語体、片仮名書きのまま改正しなければなりません。送り仮名も、改正しようとする法令の用法どおりとしなければなりません。

注意点が二つあります。文語体、片仮名書きの法令に溶け込まない部分については、口語体、平仮名

書きにしなければならないことです。改正法令の題名、条項の一部を改めたり、削ったり、追加しようとすることを示す部分は、口語体、平仮名書きです。したがって、未成年者飲酒禁止法の一部を改正しようとする場合であっても、題名は「未成年者飲酒禁止法の一部を改正する法律」となりますし、「第○条第×条中『△』を『▽』に改める。」といった表現は、口語体、平仮名書きの法令と同じです。

注意点の二つ目は、文語体、片仮名書きの法令には、濁点が付されているものもあれば付されていないものもありますが、改正に当たっては、一様に濁点が付されているものとして扱うことです。たとえば、条文中、「為スコトヲ得ス」という部分を「為スコトヲ得」に改めようとする場合「第○条第×条中『為スコトヲ得ズ』を『為スコトヲ得』に改める。」とします。また、改正後には必ず濁点を付さなければなりません。

次の公有水面埋立法四条一項と三項の末尾に注目してください。一項では「得ズ」とあり、三項では「得ス」とあります。一項について何らかの改正が行われ、その機会に「得ズ」と改められたと推測できます。単なる六法の誤植のように思われるところにも、こんな法制ルールが横たわっています。

○公有水面埋立法
第四条　都道府県知事ハ埋立ノ免許ノ出願左ノ各号ニ適合スト認ムル場合ヲ除クノ外埋立ノ免許ヲ為スコトヲ得ズ
　一〜六　略
②　略

③　都道府県知事ハ埋立ニ関スル工事ノ施行区域内ニ於ケル公有水面ニ関シ権利ヲ有スル者アルトキハ第一項ノ規定ニ依ルノ外左ノ各号ノ一ニ該当スル場合ニ非ザレバ埋立ノ免許ヲ為スコトヲ得ス
一～三　略

「文語体、片仮名書きの法令を改正しようとするときには、基本的には、これまでどおり文語体、片仮名書きのまま改正しなければなりません。」と述べましたが、改正の箇所がまとまっている場合、たとえば、新たに編や章を加えたり、編や章をまるごと改正する場合には、その部分を口語体、平仮名書きにすることができます。

旧仮名遣い、古い送り仮名などの改正

口語体、平仮名書きの法令であっても「旧仮名遣い」や「古い送り仮名」が見られます。また、常用漢字でない漢字が用いられたり、常用漢字であっても認められない音訓で用いられている漢字もあります。こうした「古い」部分を改正などに際して引用する場合、そのまま引用しなければなりません。また、改正機会がある場合をとらえて「新しい（正しい）」仮名遣いなどに改める必要があります。

○貿易保険法の一部を改正する法律（平成二十六年法律第十九号）
（略）

第三十九条中「てん補すべき」を「填補すべき」に、「そ求を」を「遡求を」に改め、同条第三号中「そ求権」を「遡求権」に改め、同条を第四十二条とし、第三十八条を第四十一条とする。

（以下、略）


改正は最小限の範囲で行うとする原則から、改正機会がない条項は旧仮名遣いや用字などが残ります。結果として、同じ法令内で表現の統一が図られていない状態となります。法制担当者としてはもどかしい思いもあるでしょうが、これればかりは我慢しなければなりません。

自治体においては、これまでの条例などの用字や用語などを一斉に整備する条例を制定することがあります。用字や用語の基準が変わる度に条例を制定する必要はありますが、一時的には「もどかしさ」を解消する方法となります。

○上松町条例の用字、用語等の整理に関する条例（平成二十四年条例第一号）
（用字及び用語の整理）
第二条　既存の条例に用いられている用字及び用語は、当該条例の制定目的及び意義に反しない限り、次に掲げる告示、訓令及び通知の定めるところに従い、所要の改正を行うものとする。
(1)　常用漢字表（平成二十二年内閣告示第二号）
(2)　公用文における漢字使用等について（平成二十二年内閣訓令第一号）
(3)～(5)　略

拗《よう》音・促音の扱い

ほぼ、昭和とともに行われなくなったのが「や・ゆ・よ・つ」といった拗音や促音の扱いです。外来語について片仮名書きする場合は別として、拗音や促音も「大書き」するという慣例がありました。「あった者」と書くべきところを「あつた者」とする法令が多いのはそのためです。ところが、一九八八（昭和六十三）年に「法令における拗（よう）音及び促音に用いる『や・ゆ・よ・つ』の表記について」（昭和六十三年七月二十日内閣法制局総発第百二十五号）が出され、「小書き」にすることが決まりました。

拗音や促音の扱いでも注意が必要な点があります。改正に際して「大書き」の規定の一部として溶け込む部分は「大書き」にしなければならないことです。結果として、本則は「大書き」のまま、拗音・促音についての新ルール後の改正法附則では「小書き」といった状態になります。

句読《くとう》点について

句点とは「。」のことで、読点とは「、」のことです。

口語体、平仮名書きの法文の句読点は通常の文章と基本的に何ら変わりません。ただ、法文ならではの特徴的な使い方も少しはあります。まず、句点ですが、（　）のなかで使う場合と、各号で使う場合に注意が必要です。

・（　）のなかの字句が動詞形で終わるときは句点を打つが、名詞形で終わるときには句点は打たない。ただし、名詞形で終わっても、さらに文書が続くときには句点を打つ。例：「（法人にあっては、事務所又は営業所。以下この号において同じ。）」
・各号の字句が名詞形で終わるときには、原則として句点を打たない。ただし、①最後が「こと」や「とき」で終わる場合、②名詞形の字句のあとにさらに「ただし書」などが続く場合には句点を打つ。

一方、読点は個人的な感覚もあり、たいへん難しいように感じています。いくつも国語の本を読みましたが、いまだに感覚を獲得していません。林修三氏も『法令作成の常識』五三・五四頁で、読点を打つ場合の基準として以下の場合を挙げていますが、基準に照らして機械的に読点を打つことより、読みやすさやかかり方の分かりやすさを優先すべき場合があることを述べています。

①　主語の下に必ず打つ。
②　二つの形容詞、副詞又は動詞を「及び」や「又は」などの接続詞でつなぐ場合には、原則として接続詞の前に打つ。例：「その許可を取り消し、又はこれを制限することができる。」

③　名詞を説明するために、「で」又は「であって」を用いて説明の字句を続ける場合に、その説明の字句が長い場合には「で」又は「であって」の後に打つ。例：「…する者であって、………するもの」
④　長い条件句や条件文章の前後に原則として打つ。
⑤　以上の原則により読点を打つべき場合でも、二つ以上の文章が対句になっている場合には、対句の接続のところだけに読点を打つ。例：「第○条中「△」とあるのは「▽」と、「★」とあるのは「☆」と読み替えるものとする。」

一部改正法

[1]「もと法」との関係

法令の改正方法としては「一部改正」と「全部改正」とがあります。一部改正について、わが国では「改め文方式（溶け込み方式）」をとっています。改正する箇所を特定し、「改める」や「削る」などの文字を使って示す改正方法です。「改正メニュー」を示す形での改正ともいえるでしょう。そして、この改正メニューは改正法施行と同時にもと法に溶け込んでしまい、残るのは改正法附則ばかりとなります。市販の六法では省略されがちですが、本当は「原始附則」（制定時の附則）のあとには、改正の度に「改正法附則」が加えられています。まるで改正の歴史を刻む年輪のようです。

この一部改正法自体も単独のひとつの法律です。ただ、一部改正法の本則の規定は施行されるまでの

「はなかい命」であり、施行後は改正法附則のみにその痕跡をとどめることになります。

注意が必要なのは、Ａ法が廃止されたなら、特段の手続もなく「Ａ法の一部を改正する法律」も効力を失うということです。なまじ「別法である」ということを知っていると、Ａ法の廃止に際して、Ａ法の改正法附則を失効させるための手当てが必要な気がしてきます。しかし、Ａ法の廃止とともに実質的な意義を失ってしまうのですから特段の手当てはいりません。

さらにもうひとつ注意点を挙げると、Ａ法のなかで使われている定義規定や略称規定は、Ａ法の一部改正法附則には及ばないことです。ここでは別法であるという原則が利いています。

[2] 改め文方式と新旧対照表方式

わが国では「改め文方式」をとっていることを説明しましたが、「わが国では」というのは少し正確ではないかもしれません。外国の立法においては、改め文方式をとらず、もと法はそのままの形で存続させ、改正法は既存の法令の増補の形であとに積み重ねてゆく方式をとる例も多いのですが、明治憲法時代の皇室典範もこの方式で改正がなされていました。また、時代を遡らずとも、近年、地方公共団体の議会に提出される条例の一部改正案などの形式を「新旧対照表方式」にする例も見受けられます。

改め文方式は、内閣法制局を中心とする立法技術の蓄積として生まれたわけですから、地方公共団体がこれとは異なる方式で条例の一部改正案などを作成することは何の問題もありません。新旧対照表方式が導入されれば、事務方の作業が効率化するばかりでなく、改正案や修正案が住民や議員にとって分かりやすくなるというメリットがあります。

ただ、正式な議案の形式がバラバラというわけにはいきませんから「マニュアル」の用意は必要となるでしょうが、「きまじめさ」から、そのマニュアルが精緻化する傾向がみられます。事務負担軽減を期待して導入したのですから、本末転倒の結果を招かない注意も必要かもしれません。なお、二〇一六（平成二十八）年に入り、一部の省令改正などについて、新旧対照表方式による官報掲載が行われています。実験的な試みであり、内閣法制局の審査対象外の省令などについてだけとはいえ、国の法令の今後の改善の方向性が気になります。

全部改正法

[1] 全部改正の制定文

一部改正法の場合には「○○法の一部を改正する法律」などという題名が付けられますが、全部改正の場合には「○○法の全部を改正する法律」という題名は付けません。新規制定法と同様に、いきなり改正後の題名が表示されるのです。そのため、題名からは全部改正法なのか新規制定法なのか区別がつきません。そこで、全部改正であることを示す「制定文」が付けられることになっています。「○○法の全部を改正する。」という部分がそれです。

○信託業法

信託業法（大正十一年法律第六十五号）の全部を改正する。

目次

第一章　総則（第一条・第二条）
第二章　信託会社
（以下、略）

［2］全部改正の選択

全部改正は文字どおり、規定の全部を改めようとするものです。ただ、規定を全部改めるにしても、「廃止・新規制定」という方法があります。どちらをとるべきかの基準についてはは、あるようでないのが正直なところです。一応の基準としては、制度の根幹を維持しながら内容を全面的に改正する場合には「全部改正」が、制度そのものを質的に変更するという場合には「廃止・新規制定」がとられます。さらにいえば、「一部改正」とするのか「全部改正」とするのかについても迷う場合が生じます。「改正部分が広範囲に渡り、規定の追加、削除、移動などが大掛かりに行われるとき」には「全部改正」ということになるのですが、「改正部分が広範囲かどうか」ということ自体があいまいなのですから、決め手に欠けます。実際の立案では、「一部改正」、「全部改正」、「廃止・新規制定」のどの方法をとるのか迷う場合もあることでしょう。明確な基準がないわけですから、立法者（立案者）の「思い」が入り込む余地があるように思われます。

たとえば、二〇〇一（平成十三）年に行われた中央省庁等改革です。この改革では「中央省庁等改革のための国の行政組織関係法律の整備等に関する法律」で各省庁の設置法をいったん廃止し、新たな設置法を制定しました。所掌事務の変更の大小は省庁により様々ですが、一様に「廃止・新規制定」が行われたのには「明治維新、戦後改革以来の大改革」としての意気込みとも無関係ではなさそうです。同じ設置法の改正であっても、「保安庁」が「防衛庁」になった際の改正では、保安庁法の全部改正で防衛庁設置法が制定されていますが、「防衛庁」が「防衛省」になった際には、防衛庁設置法の一部改正として行われています。

[3] 全部改正と題名・法律番号

先に挙げた信託業法もそうですが、全部改正の場合には題名を変更しないことが多いようです。ただ、改正によって題名がしっくりこなくなった場合には当然、題名の改正も行われます。たとえば、二〇〇六（平成十八）年に「法例」が全部改正され、題名も「法の適用に関する通則法」となりました。一八九八（明治三一）年制定の法律ということもありますが、「法例」という題名ではとても法律の内容を表現するものとなっていません。題名の改正は自然なことといえるでしょう。

○法の適用に関する通則法

法例（明治三十一年法律第十号）の全部を改正する。

目次

第一章　総則（第一条）

第二章　法律に関する通則（第二条・第三条）

（以下、略）

法令番号（法律番号）については、全部改正されると新しいものとなります。全部改正の場合でも法令番号を引き継ぐように思いがちです。しかし、そこは「廃止・新規制定」と変わりないものと判断してのことなのです。

[4] 全部改正利用の誘惑

一部改正を行う場合と全部改正を行う場合が相対的であることはすでに述べました。ただ、国民（住民）にとっては、一部改正には全部改正にない「よさ」があることも忘れてはなりません。それは「改正点が明確になる」という点です。全部改正の場合にはどこがどのように変わったのか全く明らかになりません。改正の技術として「改め文方式」がとられてきたのも、この「よさ」を踏まえてのことなのです。

こうしたことから、安易に全部改正方式をとることは感心できません。立法技術的にも、また、改正資料の準備の点からも全部改正の方が組みしやすいに違いありませんが、そこは「我慢のしどころ」なのです。

縦書き

国の法令は「縦書き」で書かれています。これは、日本語が本来、縦書きであるところから来ています。ただ、地方公共団体においてはやや事情が異なります。「昭和三十年代には早くも『左横書き条例』が制定され始め、今や多くの地方公共団体が法令の左横書き化を実現させています。横書きは、数式、数字、英語などとの相性も良く、慣れれば読むスピードも速まるとの声もあります。」（吉田利宏『新法令用語の常識』七三頁）。

題名

［1］件名

法令の名前を「題名」といいます。現在の法令には題名が付けられていますが、古い法令には題名がないものがあります。題名が付けにくい法令や重要性の低い法令などには題名が付けられていなかったのです。こうした題名がない法令については、「昭和〇〇年法律第××号」と法令番号で呼ぶのが正式ともいえるのですが、これでは法令の内容が少しも分からず引用に当たっても不便です。そこで、法律の場合、その法律が公布される際に付けられている公布文からとった名称が使われています。たとえば、公布文に「〇〇に関する件を裁可し、ここに公布せしめる。」とあれば、「〇〇に関する件」という件名を名称とし、「〇〇に関する法律を裁可し、ここに公布せしめる。」とあれば「〇〇に関する法律」が題名の代わりに名称として使われることになります（この場合に「〇〇に関する法律」は公布文に出てくるだけで正式な題名ではありません。）。「〇〇に関する法律」いう名称は「件名」とは呼びにくいのですが、一般的には正式な題名ではなく公布文から付けた名称のことを広く「件名」と呼んでいますので、この場合も「件名」ということになります。

これらの例として、「決闘罪ニ関スル件（明治二十二年法律第三十四号）」、「失火ノ責任ニ関スル法律

（明治三十二年法律第四十号）」、「私的独占の禁止及び公正取引の確保に関する法律（昭和二十二年法律第五十四号）」などがあります。

［2］ 件名の引用

立案上、問題となるのは他の法令での件名の引用です。古くは、「明治二十二年法律第三十四号（決闘罪ニ関スル件）」といった引用がされていましたが、現在では、題名と同様に件名を掲げ、その下に法令番号をかっこ書きする引用方法が認められています。たとえ、件名だと気が付かないで引用しても、題名と同じ扱いなのですから結果オーライということになります。

ただ、一点注意することがあるとすれば、件名は正式な題名ではありませんから、引用する法令の書き方に合わせて書くということです。もし、「決闘罪ニ関スル件」を、口語体、平仮名書きの法令で引用するときには「決闘罪に関する件」となります。

［3］ 題名の付け方

題名の付け方のポイントは二つあります。まずひとつは、その法令の内容がよく表されているかどうかということであり、もうひとつは簡潔であるかということです。ただ、この二つのことがらを同時に実現するのはなかなか難しいものです。内容をよく表現しようとすると、どうしても字数が増えてしまうからです。特に、臨時的な事柄や特例的な事柄は、内容を簡潔に表現することが難しく、得てして長い題名になりがちです。なかには、次のように一〇〇字を超える題名をもつ法律もありました（すでに失効しています。）。

○平成十三年九月十一日のアメリカ合衆国において発生したテロリストによる攻撃等に対応して行われる国際連合憲章の目的達成のための諸外国の活動に対して我が国が実施する措置及び関連する国際連合決議等に基づく人道的措置に関する特別措置法

こうした長い題名の場合には、他の法令で引用するのもたいへんです。こうしたときには、引用する法令のなかで特に規定を置いて「略称」します。

話をもとに戻すと、題名の二つの要請の着地点として利用されるのが「等」です。たとえば、「ストーカー行為等の規制等に関する法律」は題名に二つの「等」があります。「ストーカー行為等」の「等」は、必ずしも反復しない「つきまとい等」を加えるためのものですし、「規制等」の「等」は、被害防止のための援助や被害者の支援の措置を含めるためのものです。

[4] 一部改正法の題名

一部改正法の題名の付け方はかなりの部分がルール化しています。ひとつの法律を改正する場合には「A法の一部を改正する法律」となります。

次に、A法とB法とを同時に改正しようとする場合ですが、まず、B法の改正がA法の改正の結果として行われるものかどうか考えなくてはなりません。もし、そうならば、題名は「A法の一部を改正する法律」となります。B法の改正は附則でA法改正に伴う「整理」として行われることになりますので題名には表れないのです。ただ、A法とB法との改正が原因と結果の関係ではなく、それぞれ同一の目的のための改正である場合には、A法の改正もB法の改正も本則で行われます。この場合の題名は「A法及びB法の一部を改正する法律」となります。

では、よく見かける「A法等の一部を改正する法律」にはどんな意味があるのでしょう。これは、原則として三つ以上の法律改正を本則で行っていることを示しています。たくさんの法律の題名が並ぶと長くなるので「等」で「丸めた」というわけです。ただ、これにもひとつ例外があります。「A法」と「A法の一部を改正する法律」とを同時に改正する場合です。この場合には二つの法律改正でありながら「A法等の一部を改正する法律」という題名になります。一部改正法の改正なので、わざわざ表に出すことはないだろうと考えてのことです。

[5] 改正趣旨を加える題名

「A法等の一部を改正する法律」という題名では内容が十分伝わらないからでしょうか、近頃は、三つ以上の法律を改正する際にその共通する目的なり趣旨なりを書き込む例が増えているように思います。たとえば、「次代の社会を担う子どもの健全な育成を図るための次世代育成支援対策推進法等の一部を改正する法律」のようにです。「次代の社会を担う子どもの健全な育成を図るための」の部分が改正趣旨を伝える部分です。

改正趣旨を加えることは一概に悪いことではありません。たしかに、内容が分かりやすくなります。しかし、時にはこの饒舌さが要注意です。趣旨をひとことでいうことは難しいことですし、法律の内容をもって語るべきところを題名に語らせるところに、立法者の「都合」を見ることができるからです。「夏の疲れたお肌のための基礎化粧品セット」。そんな魅力的な文句に魅かれて買ったところが、「夏の疲れたお肌」と関係ない化粧品が入っていたということもあるかもしれません。十分に確認しないと「夏の終わりに売ってしまいたい化粧品セット」を買わされる羽目になります。題名は少し武骨で無口な方がちょうどいいのです。

正確性のなかでのくふう

島国ということがあるのかもしれません。日本では「相手の高い理解」を前提にして、少し言葉を「慎む」感じがあります。たとえば、駅のトイレには「いつも、きれいに使っていただいてありがとうございます。」といった張り紙があります。これを文字通り、理解する利用者はいません。「分かりました。汚さないように気をつけて利用します!」。利用者の心のなかに広がる理解はそうしたものでしょう。ここまで「意訳」を求めることは極端にしても、想像容易な「主語」を省いたり、相手に義務を求める文末の表現をあいまいにすることはしばしばです。

「自動車運転の際には、免許証を欠かさず持っていたいものです。」。たしかに、こんな表現であっても、だいたいの意味は伝わります。

しかし、法令の起案の場合には、この日本語の感覚を忘れることです。特に「主語を明確にすること」と、「文末表現をあいまいにしないこと」には注意しなければなりません。日常の表現なら、過剰と思われるまでの正確性が求められます。

たとえば、道路交通法九十五条一項では免許証の携帯義務を次のように規定しています。日常の表現なら、せいぜい「自動車等を運転するときは、免許証を携帯しなければならない。」といったところでしょう。しかし、義務付ける相手は「免許を受けた者」に限られますし、携帯していなければならない免許証は運転しようとする自動車等に関するものです。当たり前と思われても、こうした表現となります。

○道路交通法
（免許証の携帯及び提示義務）
第九十五条　免許を受けた者は、自動車等を運転するときは、当該自動車等に係る免許証を携帯していなければならない。
2　略
※八十四条一項において「自動車及び原動機付自転車」を「自動車等」と略称しています。

主語を述語に近づけるくふう

法文においては何よりも正確性が求められます。ですから、法文における体裁上のくふうは、より正確に表現するためのものであったり、正確性を満たした上での読みやすさのくふうということになります。

まず、最初に紹介するのは、「主語を述語に近づける」というくふうです。

法律の条文では、ひとつのことがらは、「。(句点)」をはさまず書いてしまおうとする傾向があります。一旦文章を切ると、前の文章とあとの文章とのつながりをめぐって、いろいろな読み方が生じてしまいます。そこで、「一筆書き」のような書き方をするのです。この「一筆書き」は、条文が「読みにくい」と感じる原因にもなりますが、これも、すべての読み手に同じ意味に受け取ってもらうための工夫といえます。

ただ、問題も生じます。一筆書きでは、「誰が(主語)、どんな場合に、何をしなければならないのか(述語)」の主語と述語の間に、とてつもなく長い文章が入ってしまうことがあります。せっかく主語を明らかにしても、これでは条文の意味が理解しにくくなってしまいます。そこで、こんなときには「主語を述語に近づける」くふうをします。

吉田利宏『元法制局キャリアが教える　法律を読むセンスの磨き方・伸ばし方』六二・六三頁

具体的な例で説明しましょう。次の民法五百六十七条の規定です。二項は、基本どおり、主語を真っ先に持ってきています。ところが、一項では、主語と述語の間に入る条件節が長いため、主語を述語に近付けています。同じ条のなかでの違いですから、起案に際して意識的に行ったことは明白でしょう。

○民法
（抵当権等がある場合における売主の担保責任）
第五百六十七条　売買の目的である不動産について存した先取特権又は抵当権の行使により買主がその所有権を失ったときは、**買主は**、契約の解除をすることができる。
2　**買主は**、費用を支出してその所有権を保存したときは、売主に対し、その費用の償還を請求することができる。
3　略

表を使う

規定事項をすっきりさせるためのくふうはほかにもあります。各号に分けて列記すべき事項を、短冊形の枠を設けるなどして表として列記することです。次の労働基準法三十九条二項のような例がそれです。

「次の各号の六箇月経過日から起算した継続勤務年数の区分に応じ、当該各号に掲げる労働日を加算した有給休暇を与えなければならない。」とした各号列記の方式でも書けそうですが、読みやすさを優先して「表」としています。

○労働基準法

（年次有給休暇）

第三十九条　略

② 使用者は、一年六箇月以上継続勤務した労働者に対しては、雇入れの日から起算して六箇月を超えて継続勤務する日（以下「六箇月経過日」という。）から起算した継続勤務年数一年ごとに、前項の日数に、次の表の上欄に掲げる六箇月経過日から起算した継続勤務年数の区分に応じ同表の下欄に掲げる労働日を加算した有給休暇を与えなければならない。（以下、略）

六箇月経過日から起算した継続勤務年数	労働日
一年	一労働日
二年	二労働日

（以下、表略）

③〜⑧　略

「表」は「各号列記の代わり」ばかりでなく、次の例のように複雑な「読替規定」にもしばしば利用されます。

○日本国憲法の改正手続に関する法律

（期日前投票）

第六十条　1・2　略

3　第五十条から第五十二条まで及び第七十二条から第七十四条までの規定は、期日前投票所について準用する。この場合において、次の表の上欄に掲げる規定中同表の中欄に掲げる字句は、それぞれ同表の下欄に掲げる字句に読み替えるものとする。

第五十条	市役所	国民投票の期日前十四日に当たる日から国民投票の期日の前日までの間（略）、市役所

（以下、表略）

4　略

別表を使う

表として表現する場合でも、内容が複雑で長いものは条文中に置かず、法令の末尾（附則のあと）に置きます。これを「別表」といいます。別表は条文をすっきりさせますが、関係する条文と離れているため、参照しにくく、条文との関係が分かりにくくなるという弱点があります。前者の弱点はしょうがありませんが、後者の弱点は別表の肩に「第○条関係」と記すことで補われています。なお、別表が複数必要となる場合には、「別表第一」、「別表第二」などとします。さらに、改正に伴い必要な経過措置を別表で表現する場合がありますが、この場合には「附則別表」と表現されます。附則別表は関係する附則の最後に置かれます。

○衆議院小選挙区選出議員の選挙区間における人口較差を緊急に是正するための公職選挙法及び衆議院議員選挙区画定審議会設置法の一部を改正する法律

附則

（今次の改定案に関する特例）

第三条　第三条の規定による改正後の衆議院議員選挙区画定審議会設置法（略）第二条の規定による今次の改定案の作成に当たっては、各都道府県の区域内の衆議院小選挙区選出議員の選挙区（略）の数は、附則別表で定める数とする。

2～4　略

附則別表（附則第三条関係）

都道府県	衆議院小選挙区選出議員の選挙区の数
北海道	十二
青森県	四

（以下、表略）

文字で表しにくいものを規定する

[1] 付録、様式・書式、図・別図などの使用基準

文章に表しにくいものについては、表によるほか、「付録」、「様式・書式」、「図・別図」などによります。「付録」は主に計算式に使われます。「様式・書式」は、その名のとおり申請書や届出書などの書類の様式について使われることが多いようです。「図や別図（根拠規定から離れた図のこと）」は、それら以外の文章で表しにくいものに使われます。

ちなみに、お札は「様式」で、勲章の形状は「図」で定められています。お札は書類の延長として、勲章は造形物として捉えているからでしょう。ただ、付録、様式、別図などの使い分けには明確な基準があるわけではありません。

「国旗及び国歌に関する法律」では、国旗である日章旗の制式も、国歌である君が代の歌詞及び楽曲（譜面）も「別記」として記載されています。旗と譜面とを同時にうまく表現するものがなかったからでしょう。「別記」というプレーンな表現でまとめたところに起案者のセンスが感じられます。

> ○競馬法施行規則
> （払戻金の算出方法等）
> 第九条　勝馬投票の的中者に対する払戻金は、付録第六で定める算式によつて算出した金額を当該勝馬に対する各勝馬投票券の券面金額に按分したものとする。

2～4　略

付録第六（第九条第一項、第四十五条第三項関係）

（W＋D／P）×R＋A／P

Wは当該勝馬に対する勝馬投票券の総券面金額とする。

（以下、略）

※付録は別表のさらにあとに置かれています。

○日本国憲法の改正手続に関する法律

（投票用紙の交付及び様式）

第五十六条　1・2　略

3　投票用紙は、別記様式（略）に準じて調製しなければならない。

別記様式（第五十六条関係）

略

［2］別表・付録・様式などの規定順序

別表・付録・様式などについては、いずれも、附則のあとに置かれるわけですが、これらの規定順序について明確な基準はありません。いくつか例を示すと、次のようになっています。

○自転車競技法施行規則

付録第一（第二十条関係）
付録第二（第二十三条関係）
別表（第二十四条関係）
様式第一（第五十二条関係）

○公的年金制度の健全性及び信頼性の確保のための厚生年金保険法等の一部を改正する法律の施行に伴う経過措置に関する政令

別表（第四十三条関係）
付録（第四十三条関係）

○海洋生物資源の保存及び管理に関する法律施行規則

別記様式第1号（第13条関係）

別記様式第2号（第15条関係）
別記様式第3号（第19条関係）
付録第一（第五条第二号イ関係）
付録第二（第五条第二号ロ関係）

ただ、これらの例から言えることがあります。ひとつは、根拠となる条文の順序を踏えて規定することです。そして、もうひとつは、付録なら付録といった同じ種類のものが複数ある場合には、それらをまとめて配置するということです。

第三　法令立案についての技術

1　公布文・前文・目次など

公布文

法令の一部ではありませんが、まずは「公布文」から説明しましょう。法律、政令及び条約が公布される際には冒頭に「公布文」が付けられます。仮に、憲法改正がなされたとしたら、その公布の際にも公布文が付けられるはずです。これらが憲法七条一号や九十六条二項において、天皇が公布すべきものとされているからです。なお、公布文の「御名御璽」とある部分は天皇の名が署名され、公印が押されます。

国民健康保険の国庫負担金等の算定に関する政令の一部を改正する政令をここに公布する。

御　名　御　璽

平成二十七年六月三日

内閣総理大臣　安倍　晋三

政令第二百四十六号

国民健康保険の国庫負担金等の算定に関する政令の一部を改正する政令

内閣は、国民健康保険法（略）第七十二条の四第一項の規定に基づき、この政令を制定する。

国民健康保険の国庫負担金等の算定に関する政令（略）の一部を次のように改正する。

（以下、略）

平成二十七年六月三日付官報（号外　第百二十五号）より

地方自治法十六条四項及び五項では、自治体が条例や規則などの公布に関し必要な事項を条例で定めるよう規定しています。この規定を受けて定められた各地の「公告式条例」においては、公布に際して「公布の旨の前文」などを記入すべきことが定められていますが、この文のことも「公布文」と呼んでいます。

○地方自治法

第十六条　①～③　略

④　当該普通地方公共団体の長の署名、施行期日の特例その他条例の公布に関し必要な事項は、条例でこれを定めなければならない。

⑤　前二項の規定は、普通地方公共団体の規則並びにその機関の定める規則及びその他の規程で公表を要するものにこれを準用する。但し、法令又は条例に特別の定があるときは、この限りでない。

○東久留米市公告式条例
（条例の公布）
第二条　条例を公布しようとするときは、公布の旨の前文及び年月日を記入して、その末尾に市長が署名しなければならない。
2　条例の公布は、別表の掲示場に掲示してこれを行う。

なお、いずれの公布文も法令の一部ではありませんから、改正ということは生じません。

法令番号

これも法令の一部ではありませんが、公布の際に付けられるのが法令番号です。法令番号は、法令の種類や制定権者、それに公布された暦年とその順序から成り立っています。たとえば、「地方交付税法の一部を改正する法律（平成二十七年法律第一号）」は、平成二十七年の一番目に公布された法律を意味します。

法令番号を付す意味のひとつは、法令の種類などを明らかにすることです。題名からは不明でも、次のような法令番号があれば共同省令などであることがたちどころに理解できます。

・使用済小型電子機器等の再資源化の促進に関する法律施行規則（平成二十五年三月六日経済産業省・環境省令第三号）
・産業高度化・事業革新措置実施計画の認定申請等に関する命令（平成二十四年三月三十一日内閣府・経済産業省令第五号）

また、法令番号は法令を特定する手段としての意味があります。「鈴木いちろうさん」、「田中二郎さん」は日本中にたくさんいるかもしれませんが、生年月日と組み合わせて示せば特定がたやすくなります。鈴木一朗（昭和四十八年十月二十二日）なら、大リーガーの鈴木一朗氏ですし、田中二郎（明治三十九年七月十四日）なら行政法の大家の田中二郎氏です。

法令には毎年のように改正されるものがあり、「○○法の一部を改正する法律」など、同一の題名の法令が存在することもしばしばです。しかし、法令番号があれば特定が可能となります。

制定文と前文

[1] 制定文の意味

法令の一部ではあっても、本則にも附則にも含まれない部分があります。制定文は、政令の第一条の前に置かれ、その政令の制定根拠を示すものです。前掲の「国民健康保険の国庫負担金等の算定に関する政令の一部を改正する政令」でいえば、「内閣は、国民健康保険法（略）第七十二条の四第一項の規定に基づき、この政令を制定する。」の部分が制定文になります。

政令における権利制限に関する定めは法律による授権があって始めて可能となりますが、制定文はその授権の正当性を明らかにしたものといえるでしょう。ただ、政令には単に法律の実施手続にかかわる定めをする場合もあります。こうした政令については、具体的な法律の授権は必ずしも必要ではないと考えられており、制定文も「○○法を実施するため、この政令を制定する。」といった表現となります。もちろん、法律による具体的な授権がある部分とない部分が混在する政令も存在します。こうした政令の制定文では「内閣は、○○法第×条の規定に基づき、及び同法を実施するため、この政令を制定する。」と表現されます。

なお、制定文は政令の一部を成すものではあっても、改正しないことになっています。その後、法律の題名や条名が改正される場合もありますが、制定文が改正されることはありません。法令集を見る際には、この点の注意が必要です。

［2］ 省令における「制定文みたいなもの」

政令における制定文について説明してきましたが、実際には、省令（内閣府令・内閣官房令も含む。）でも「制定文みたいないもの」が存在します。政令でいえば公布文が置かれる場所に付されます。

> ○内閣官房令第四号
> 人事統計報告に関する政令（昭和四十一年政令第十二号）第三条の規定に基づき、人事統計報告に関する内閣官房令の一部を改正する内閣官房令を次のように定める。

平成二十七年六月十五日

人事統計報告に関する内閣官房令の一部を改正する内閣官房令

内閣総理大臣　安倍　晋三

（以下、略）

平成二十七年六月一五日付官報（号外　第百三十三号）より

［3］　法律における制定文

「制定文は法律には置かれないもの」。そう多くの人が理解しているかもしれません。制定文が法律の授権の根拠を明らかにするものであることを考えれば、しごく当然なことです。しかし、例外がありま す。まず、法律を全部改正する場合に置かれる制定文です。全部改正の場合、題名の次に「○○法の全部を改正する。」という制定文が置かれます。これは新規制定法との混同を防ぐ狙いがあります。少し特殊な制定文といえるでしょう。

実はもうひとつ、法律には多くの人が知っている「制定文」があります。それが「前文」です。現在は異なるものとして捉えられている制定文と前文ですが、どちらも第一条の前に置かれるものであり、前文は制定文から「進化」したものといえるのです。前文も含めて制定文と表現する場合があるのもそのためです。

前文は、法律の制定の趣旨、背景、理念などを述べた文章です。憲法や基本法での前文が有名ですが、戦後極めて早い時期に制定された法律には次のような制定文が置かれることがありました。

○旧警察法（昭和二十二年法律第百九十六号）

国民のために人間の自由の理想を保障する日本国憲法の精神に従い、又、地方自治の真義を推進する観点から、国会は、秩序を維持し、法令の執行を強化し、個人と社会の責任の自覚を通じて人間の尊厳を最高度に確保し、個人の権利と自由を保護するために、国民に属する民主的権威の組織を確立する目的を以て、ここにこの警察法を制定する。

第一章　総則

第一条　警察は、国民の生命、身体及び財産の保護に任じ、犯罪の捜査、被疑者の逮捕及び公安の維持に当ることを以てその責務とする。（以下、略）

こうした制定文が置かれた経緯について、林修三氏は次のように述べています。

「法律でこの種の文章のつけられた例としては、はじめは教育基本法、国立国会図書館法、日本学術会議法、旧警察法（昭和二二年法律第一九六号）など、占領中に、占領軍当局の強い指導の下に制定されたものにその例が多く、占領終了後しばらくの間は、ユネスコ活動に関する法律（昭和二七年法律第二〇七号）の例しかみられず、昭和二九年の警察法の全文改正にあたっては、従来の制定文が削られて、第一条に、目的をうたった規定が置かれるという状況であった（原文ママ）」『法令作成の常識』六三・六四頁。

○日本学術会議法

日本学術会議は、科学が文化国家の基礎であるという確信に立つて、科学者の総意の下に、わが国の平和的復興、人類社会の福祉に貢献し、世界の学界と提携して学術の進歩に寄与することを使命とし、ここに設立される。

第一章　設立及び目的

第一条　この法律により日本学術会議を設立し、この法律を日本学術会議法と称する。

2・3　略

[4]　失われていった占領期の制定文

法律における制定文が失われていった理由は占領期が過ぎたゆえばかりではありません。林修三氏が指摘するように、それは立法技術の確立との関係があります。第一条に目的規定が置かれるようになると、従来の制定文の内容は目的規定に取り込まれることとなりました。旧警察法は一九五四（昭和二十九）年に全部改正された際に、制定文は削られ、現在の警察法第一条の目的規定が置かれました。

○警察法（昭和二十九年法律百六十二号）

（この法律の目的）

第一条　この法律は、個人の権利と自由を保護し、公共の安全と秩序を維持するため、民主的理念を基調とする警察の管理と運営を保障し、且つ、能率的にその任務を遂行するに足る警察の組織を定めることを目的とする。

[5] 基本法と前文

「絶滅した」法律における制定法は、昭和三十年代に各種基本法において「前文」として「復活」します。ただ、当初は、目的規定との重複が考慮され、第一条は「目的規定」ではなく「政策の目標」とする規定が置かれていました。

制定当時の農業基本法（のち廃止。現在は「食料・農業・農村基本法」）、中小企業基本法、観光基本法（現在の「観光立国推進基本法」）などがその例です。ところが、時代が平成に入り基本法の種類が格段に増えると、いつしか、前文と目的規定が併置されることが普通となりました。前文の最後の部分は法律制定の目的が記されることが多く、その部分は第一条の目的規定と重複しているわけですが、あまりそのことに目くじらを立てることがなくなったといえます。

前文は法律の一部であり、法律の解釈を行う際の指針となるものです。しかし、法的な効果を直接生じさせるものではなく、こうしたことが目的規定との重複を許す考えにつながったのでしょう。

基本法における前文と目的規定の書き方は、広く、自治体の自治基本条例や議会基本条例などに受け入れられています。前文の性格に由来する自由度の高さから、個性的な前文も各地に生まれています。今や制定文と前文との関係や、前文と目的規定との整理の議論は忘れられつつあるようです。

目次

[1] 目次を置く基準

法令の内容を概観し、目指す条文を探すのに便利なのが目次です。目次はすべての法令に置かれるものではありません。現在では、章・節などの区分がある法令に付すことになっています。ただ、章・節などの区分は何条以上の法令なら行うべきかといえば、その基準ははっきりしません。法令の性質(基本法では法令の重みを出すため、条文数が少なくても章・節に区分したくなります。)や起案者の感覚に左右されるようです。ただ、一般的には二〇条を少し超えると、章・節に区分した方が読みやすくなるように感じます。

[2] 一部改正法令と目次

一部改正法令では、本則は施行と同時に対象法令に溶け込んでしまいます。そのため目次を置かないのが普通です。しかし、たくさんの他法の一部改正を一本にまとめた場合などでは、やはり、目次が付されることがあります。

[3] 目次の書き方

目次の書き方は見てもらった方が早いかもしれません。行政手続法を例にすると以下のようになります。

> ○行政手続法
> 目次

第一章　総則（第一条―第四条）
第二章　申請に対する処分（第五条―第十一条）
第三章　不利益処分
　第一節　通則（第十二条―第十四条）
　第二節　聴聞（第十五条―第二十八条）
　第三節　弁明の機会の付与（第二十九条―第三十一条）
第四章　行政指導（第三十二条―第三十六条の二）
第四章の二　処分等の求め（第三十六条の三）
第五章　届出（第三十七条）
第六章　意見公募手続等（第三十八条―第四十五条）
第七章　補則（第四十六条）
附則

目次は、章、節、款、目《もく》などの本則の区分と附則について示されますが、条文の範囲は、一番小さいレベルの区分の中に入れられます。属する条が二つのときには「・」でつなぎ、それ以上になると「―」でつなぎます。注意しなければならないのは附則についてです。附則については属する条文の範囲は示されません。また、別表なども示されることはありません。

本則の四部構成

［1］附則との違い

法令の規定内容は本則と附則によって構成されます。本則は本体的な規定であり、附則は付随的な規定が置かれます。単純化して説明すれば、これからも引き続き必要となる規定が本則であり、法令の制定や改正の際に必要となる規定が附則ということができます。砂防法などの古い法令では、「第○章附則」として、本則のなかに附則が組み込まれています。しかし、現在では附則は本則とは区別され、附則の始まりには、「附則」の文字が置かれます。

［2］四部構成の内容

本則の規定は普通、四つの部分から構成されています。総則、実体的規定、雑則、罰則がそれです。条文の並びもこの順によります。

総則に置かれる規定は、その法令全体にわたる規定です。「目的規定」、「定義規定」、「責務規定」、「基本理念」などがその例です。こうした規定を通じて法令の大枠や考え方を押さえ、次の実体的規定に進みます。実体的規定ではその法律の目的を実現するための手段などが並びます。ただ、実体的規定は法令により多種多様です。

実体的規定の次には雑則が続きます。雑則は実体的規定に付随する規定です。全体にわたる規定であることは総則に置かれる規定と同じですが、もう少しスケールの小さい、技術的、手続的な規定が置かれるイメージです。具体的には、「適用除外規定」、「報告聴取・立入検査の規定」、「財政上の措置」、「施策の実施状況の報告」、「事務の区分」、「権限の委任」、「下位法令への委任規定」、「地方公共団体の措置」などを挙げることができます。ただ、雑則は他の部分に置かれなかった「その他の規定」的な要素があるため、雑則に置くかどうかは他の部分との関係で決まることもあります。たとえば、適用除外規定であっても、その法令において重要な事項であると判断されれば総則に位置付けられますし、報告聴取・立入検査の規定が実体的規定の一部として置かれることも珍しくありません。報告聴取や立入検査が実体的規定に示されたすべての手段に関係する場合には雑則として置くのがふさわしいのですが、実体的規定に示された一部の手段についてのものであったら、実体的規定のなかで書かれるべきだからです。最後の罰則ですが、その法令に罰則が盛られる場合に、重い罰の順に規定されます。

章立てを採用している法令においての四部構成は比較的見極めやすいことでしょう。

2 総則に置かれる規定

目的規定

［1］目的規定が置かれる法令

多くの法律の第一条には「目的規定」が置かれています。名前のとおり、目的規定は、その法律制定の目的を規定したものです。ただ、ごく簡単な内容の法律、一部改正法、ある法律の施行法などでは目的規定は置かれません。また、法律の性格によっては、目的規定が書きにくい場合があり、その場合には、目的規定に代えて「趣旨規定」が置かれます。

このように、現在では法律の第一条には目的規定が置かれる場合が多いわけですが、政省令などではあまり見かけません。というのは、ある程度、まとまった分量がある政省令などは、法律の規定を受けた委任命令や法律の実施をする実施命令です。まとまった分量があり、しかも、その政省令など自体が体系的な内容をもっているような例があれば、話は別なのですが、そうした政省令などは少ないため結果として、目的規定が置かれることが少ないのです。次の「後見登記等に関する政令」は珍しい例といえるのでしょう。

○後見登記等に関する政令
（目的）
第一条　この政令は、後見登記等に関する法律（略）第一条に規定する後見登記等に関し、登記申請の方式その他必要な細目を定めることを目的とする。

[2] 目的規定の書き方

目的規定の書き方は、法律の性格によって違います。まず、省庁の設置法や独立行政法人の個別法では、次のようなスタイルとなります。その法律の規定事項を表す形で規定されています。法律を制定して実現しようとする「目的」の部分がないともいえますが、こうした法律では組織の設置自体が法律の目的と考えられるからです。

○総務省設置法
（目的）
第一条　この法律は、総務省の設置並びに任務及びこれを達成するため必要となる明確な範囲の所掌事務を定めるとともに、その所掌する行政事務を能率的に遂行するため必要な組織を定めることを目的とする。

○独立行政法人大学評価・学位授与機構法
（目的）
第一条　この法律は、独立行政法人大学評価・学位授与機構の名称、目的、業務の範囲等に関する事項を定めることを目的とする。

また、地方自治法二四四条の二第一項では公の施設（住民の福祉を増進する目的をもってその利用に供するための施設）の設置、運営に関することは条例で定めるべきものとされていますが、こうした公の施設の設置管理条例では、第一条の見出しは「設置」とされています。

○京都市大学のまち交流センター条例
（設置）
第一条　大学（略）における学術研究の成果その他の知的資産を活用することにより豊かな地域社会の形成に資するため、大学相互の間及び大学と産業界、地域社会等との間の連携及び交流を促進する活動（以下「交流活動」という。）その他の活動の用に供するための施設を次のように設置する。（以下、略）

その他の法律についての目的規定は、現在は「手段」、「目的」、「究極の目的」という三段階で表現されることが多いようです。行政手続法の目的規定を例にとると次のようになります。

○行政手続法
（目的等）
第一条　この法律は、処分、行政指導及び届出に関する手続並びに命令等を定める手続に関し、共通する事項を定めることによって、行政運営における公正の確保と透明性（略）の向上を図り、もって国民の権利利益の保護に資することを目的とする。
2　略

「究極の目的」が言いにくい場合や「目的」部分で尽きる場合などでは、「究極の目的」が省かれ「手段」と「目的」の部分により目的規定が構成されます。

○少年法
（目的）
第一条　この法律は、少年院の適正な管理運営を図るとともに、在院者の人権を尊重しつつ、その特性に応じた適切な矯正教育その他の在院者の健全な育成に資する処遇を行うことにより、在院者の改善更生及び円滑な社会復帰を図ることを目的とする。

なお、手段の部分に複数の措置などが挙げられる場合には、次の水循環基本法のように条文に規定されている順に従って書かれるのが普通です。

○水循環基本法
（目的）
第一条　この法律は、水循環に関する施策について、基本理念を定め、国、地方公共団体、事業者及び国民の責務を明らかにし、並びに水循環に関する基本的な計画の策定その他水循環に関する施策の基本となる事項を定めるとともに、水循環政策本部を設置することにより、水循環に関する施策を総合的かつ一体的に推進し、もって健全な水循環を維持し、又は回復させ、我が国の経済社会の健全な発展及び国民生活の安定向上に寄与することを目的とする。

[3]　目的規定のその他の表現

さらに細かいことなのですが、「究極の目的」の締めには「寄与することを目的とする」とか「資することを目的とする」という表現がよく見られます。ズバリ「〜を目的とする」とした方が法律の目的としては説得力が増すように思われますが、それこそが法令の誠実さ、正確性というところだろうと思います。

昔は男性が「君を幸せにする。」などとプロポーズしたものですが、法的にこうした表現がとられることはありません。「幸せ」かどうは相手が感じることであり、それを踏まえると「君が幸せに思えるように最大限努力する。」というのが正確であるからです。いくら説得力がないといわれても、法律の措置だけでは「究極の目的」を達成できるわけではない場合には、やはり、「寄与する」、「資する」といった表現もやむを得ないこととなります。

なお、古い法令では、見出しが「この法律の目的」とされているものがあります。

[4]　目的規定の役割

とかく様式的な規定と見られがちな目的規定ですが、法律の解釈や運用の指針を与えるという意味で重要です。少し大げさな言い方をすれば、それぞれの法律は目的規定の範囲で存在します。それは会社が定款に定められた事業目的のなかで事業を行うのと似ています。

こうした意味から、目的規定が「舌足らず」だと、立法者が想定した目的を十分に実現できないということになります。たとえば、制定時の大気汚染防止法の目的規定には、次のような二項が置かれていました。

○旧大気汚染防止法
（目的）
第一条　略
2　前項に規定する生活環境の保全については、産業の健全な発展との調和が図られるようにするものとする。

ところが、「大気汚染防止法の一部を改正する法律（昭和四十五年法律第百三十四号）」により、この二項は削られました。その趣旨について、改正大気汚染防止法についての「施行通達」（法律の施行時に条文の趣旨や運用上のポイントなどを伝える通達のこと）では、次のように説明しています。「旧法における目的規定は経済優先という誤解を生じがちであつたので、本法では産業との調和条項を削除し、積極的に国民の健康と生活環境を保全するという観点から、大気汚染の防止を図ることを明らかにしており、貴職におかれても人の健康と生活環境の保全の見地から、大気汚染防止の施策の推進に一層配意されたい。」大気汚染防止法の一部を改正する法律の施行について（昭和四十六年環大企第三号）。

大気汚染防止法における目的規定の改正は、これまでの法律の役割を変えるものではなく「誤解の解消」にあったとのことですが、目的規定の改正は、普通、新たな法の目的の追加などとして行われ、同時に、その目的に沿う措置も追加されることが多いものです。たとえば、一九九七（平成九）年に河川法の目的規定が改正されました。従来の「治水」、「利水」に加えて、新たに「環境」的要素が加えられたのです。その趣旨について、当時の建設省河川局長は以下のように述べています。

「今回の目的改正に伴い、どういう効果が具体にあるかというお尋ねでございますが、今回の目的に『河川環境の整備と保全』という文言を入れることによりまして、河川法第一条に河川の管理は、第一条の目的が達成されるように適正に行われなければならないとございます。従前はここに治水と利水ということであったわけでございます。これに河川環境が加わるということでございまして、治水、利水、環境の三本柱として今後の河川管理がより総合的に展開をされなければならない、そういう責務を負うものだというふうに自覚をいたしておるところでございます。

そして、この目的改正に連動する改正といたしまして、環境も含めて地域の意向を反映させるための計画制度の改正、そして環境と調和のとれた治水、利水対策として樹林帯制度の創設、そして環境を悪化させる水質事故あるいは景観に悪影響を及ぼします不法係留対策というようなものに対しての原因者施行、原因者負担制度の改善というような項目の改正をお願いいたしておるところでございます。」（一九九七（平成九）年五月七日　第一四〇回国会衆議院建設委員会会議録第十一号　尾田政府委員発言）

また、法律が調整しようとする価値（目的）が複数ある場合には、それを目的規定から読み解くこともできます。この場合、規定されている複数の価値（目的）は必ずしも、同じベクトルを持つものばかりではありませんし、同じ重みを持つものでもありません。目的規定を通じて、その関係や優先順位などが意識できると、個々の条文の理解を深めることができます。逆にいえば、起案に際しては、そうした形で個々の条文の理解を深めるような書き方をしなければなりません。

行政不服審査法では、「国民の権利利益の救済」と「行政の適正な運営の確保」が実現すべき二つの大きな価値となっています。「違法な行政処分」ばかりでなく、「不当な行政処分」を対象とする理由も目的のなかに見ることができます。

○行政不服審査法

（目的等）

第一条　この法律は、行政庁の違法又は不当な処分その他公権力の行使に当たる行為に関し、国民が簡易迅速かつ公正な手続の下で広く行政庁に対する不服申立てをすることができるための制度を定めることにより、**国民の権利利益の救済を図るとともに、行政の適正な運営を確保することを目的とする。**

2　略

また、平成二十八（二〇一六）年一月前の個人情報の保護に関する法律では、「個人情報の有用性」と「個人の権利利益を保護する」という二つの価値を掲げながらも、「個人情報の有用性」は、「個人の権利利益を保護する」に当たっての配慮事項となっています。法施行時には、学校においてクラス名簿が廃止されるなど、個人情報をめぐって過剰ともいえる動きが見られましたが、「個人情報の保護に関する法律」という題名と相まって、法内容について誤ったメッセージを送っていたのかもしれません。

○個人情報の保護に関する法律（平成二十八年一月前）

（目的）

第一条　この法律は、高度情報通信社会の進展に伴い個人情報の利用が著しく拡大していることにかんがみ、個人情報の適正な取扱いに関し、基本理念及び政府による基本方針の作成その他の個人情報の保護に関する施策の基本となる事項を定め、国及び地方公共団体の責務等を明らかにするとともに、個人情報を取り扱う事業者の遵守すべき義務等を定めることにより、**個人情報の有用性に配慮しつつ、個人の権利利益を保護することを目的とする。**

情報化が進むなかで、個人情報をどう守っていくべきかという議論は別にあります。ただ、目的規定が法の内容にふさわしいかどうかという点だけでみると、これまでの目的規定は、「個人情報の利用の有用性」の部分が伝わらない作りになっていたのかもしれません。さらに有用性を重要視した改正がなされていることも踏まえて、現在の目的規定は次のように改められています。配慮事項という構成はそのままにしつつも、有用性の部分をさらに意識させるものとなっています。

○個人情報の保護に関する法律（平成二十八年一月以後）

（目的）

第一条　この法律は、高度情報通信社会の進展に伴い個人情報の利用が著しく拡大していることに鑑み、個人情報の適正な取扱いに関し、基本理念及び政府による基本方針の作成その他の個人情報の保護に関する施策の基本となる事項を定め、国及び地方公共団体の責務等を明らかにするとともに、個人情報を取り扱う事業者の遵守すべき義務等を定めることにより、**個人情報の適正かつ効果的な活用が新たな産業の創出並びに活力ある経済社会及び豊かな国民生活の実現に資するものであることその他の個人情報の有用性に配慮しつつ、個人の権利利益を保護することを目的とする。**

趣旨規定

趣旨規定は、次の「労働保険の保険料の徴収等に関する法律」の例のように、その法律の内容を要約した規定のことをいいます。ときには、「会社法」のように、他の法律との関係で、一般法である旨を表す場合もあります。また、施行令・施行規則以外の政省令などにおいても、趣旨規定はしばしば見られます。法律などとの関係を踏まえた上で、その規定内容を要約するものとなっています。

○労働保険の保険料の徴収等に関する法律

（趣旨）

第一条　この法律は、労働保険の事業の効率的な運営を図るため、労働保険の保険関係の成立及び消滅、労働保険料の納付の手続、労働保険事務組合等に関し必要な事項を定めるものとする。

○会社法
（趣旨）
第一条　会社の設立、組織、運営及び管理については、他の法律に特別の定めがある場合を除くほか、この法律の定めるところによる。

○国有財産の貸付料を口座振替により納付する場合における手続等に関する省令
（趣旨）
第一条　国有財産法（略）第二十三条第二項（略）に規定する方法（略）による納付に関する手続等については、この省令に定めるところによる。

条例や規則での目的規定や趣旨規定

自治体の条例や規則については、自治体によるバラつきはあるものの概ね、次のようなことがいえそうです。

まず、条例での目的規定や趣旨規定の使われ方は法律とほぼ同様です。ただ、少し使われ方が違う場面もあります。国の法令に制定根拠があるような条例については、目的規定ではなく、次のような趣旨規定が置かれるという点です。

> ○京都市長の資産等の公開に関する条例
> （趣旨）
> 第一条　この条例は、政治倫理の確立のための国会議員の資産等の公開等に関する法律第七条の規定に基づき、市長の資産等の公開に関し必要な事項を定めるものとする。

長の規則についても、国の法令の実施のための規則の第一条には趣旨規定が置かれます。

> ○京都市老人福祉法施行細則
> （趣旨）
> 第一条　この規則は、老人福祉法施行令、老人福祉法施行規則（略）その他別に定めがあるもののほか、老人福祉法（略）の施行に関し必要な事項を定めるものとする。

さらに、長の規則については、条例施行規則がありますが、これについても第一条は趣旨規定が置かれる場合が多いようです。

> ○東久留米市における法令遵守の推進等に関する条例施行規則

（趣旨）
第一条　この規則は、東久留米市における法令遵守の推進等に関する条例（略）の施行に関し必要な事項を定めるものとする。

長の定める規則については、条例の規定の委任を受けて定められる条例施行規則のほか、単独で存在する規則があります。この場合には、規則それ自体で体系的な内容を有していますので「目的規定」を置くのが自然です。

○三木市災害見舞金等支給規則
（目的）
第一条　この規則は、市内において発生した災害による被災者に対し、災害見舞金及び死亡弔慰金を支給することにより、被災者の援護に資することを目的とする。

定義規定

[1] 定義規定の意味

多くの法律や条例で目的規定の次に置かれているのが「定義規定」です。定義規定は、その法令で使われている主な用語を定義したものです。一条として置かれる「目的規定」が手段や目的を通じて示された法律の「あらすじ」なら、二条はその法令の「主な登場人物」といえます。ですから、一条と二条を読めば、その法律のおおよその内容が分かるしくみとなっています。

古い法令には定義規定が置かれていないのですが、その理由について林修三氏は「法令の威厳ないし荘重さを害するというように考えられていたのである。」（『法令作成の常識』一五一頁）と述べています。ただ、法令の正確な理解のためには、用語の意味をはっきりさせておかなければなりません。特に、それが一般の用語と異なる意味に使われる場合には、なおさらです。また、用語の意味を明らかにしておくことは、行政の都合のいい解釈を封じ込める役割も果たします。少し気取った言い方をすれば民主主義の要請として定義規定が求められるというわけです。

ですから、一般の用語としても存在し、それと同じ意味で使われているなら定義規定は必要ありません。

［2］二条などでの定義規定の書き方

定義規定の書き方にはいくつかあります。二条などで定義規定が置かれる場合の基本形は「この法律において『○○』とは、…をいう。」というものです。ただ、定義される用語の定義方法が複雑であったり、定義される用語の数が多いときには、各号列記の書き方がとられます。この場合には、条文での規定順を意識しながら、各号列記することになります。

○行政手続法
（定義）
第二条　この法律において、次の各号に掲げる用語の意義は、当該各号に定めるところによる。
一　法令　法律、法律に基づく命令（告示を含む。）、条例及び地方公共団体の執行機関の規則（規程を含む。以下「規則」という。）をいう。
二　処分　行政庁の処分その他公権力の行使に当たる行為をいう。
三～八　略

［3］必要な場所での定義規定

また、定義は必要となる場所でも行われます。次の「国会に置かれる機関の休日に関する法律」一条二項もまた定義規定のひとつです。

○国会に置かれる機関の休日に関する法律
（国会に置かれる機関の休日）
第一条　次の各号に掲げる日は、国会に置かれる機関の休日とし、当該機関の執務は、原則として行わないものとする。
一　日曜日及び土曜日
二・三　略

2　前項の「国会に置かれる機関」とは、裁判官弾劾裁判所、裁判官訴追委員会、国立国会図書館並びに各議院に置かれる事務局及び法制局その他法令に基づき各議院に置かれる機関で両議院の議長が協議して定めるものをいう。
3　略

六法を目を凝らして見ると、括弧書きを使って行われる定義規定をたくさん「発見」することができます。行政手続法は二条で主な用語についての定義規定を置いていますが、三条三項にあるような括弧書きもたくさん存在します。これもまた、「地方公共団体の機関がする処分」と「地方公共団体の機関に対する届出」の定義規定といえます。

○行政手続法
（適用除外）
第三条　1・2　略
3　第一項各号及び前項各号に掲げるもののほか、**地方公共団体の機関がする処分**（その根拠となる規定が条例又は規則に置かれているものに限る。）及び行政指導、**地方公共団体の機関に対する届出**（前条第七号の通知の根拠となる規定が条例又は規則に置かれているものに限る。）並びに地方公共団体の機関が命令等を定める行為については、次章から第六章までの規定は、適用しない。

総則部分で定義するか、必要な場所で定義するかは「主な用語」をどうとらえるかという問題と関係します。たとえば、行政手続法三十八条一項では「命令等制定機関」の定義規定があります。

> ○行政手続法
> （命令等を定める場合の一般原則）
> 第三十八条　命令等を定める機関（閣議の決定により命令等が定められる場合にあっては、当該命令等の立案をする各大臣。以下「命令等制定機関」という。）は、命令等を定めるに当たっては、当該命令等がこれを定める根拠となる法令の趣旨に適合するものとなるようにしなければならない。
> 2　略

この「命令等制定機関」は、パブリックコメント手続を行う上で大きな役割を果たす概念です。仮に、健康保険法施行規則の一部を改正しようとすると、これは厚生労働省令ですから、命令等制定機関は厚生労働大臣になります。また、健康保険法施行令を改正しようとする場合には、政令ですから「閣議の決定により命令等が定められる場合」に当たります。この場合も、命令等制定機関は内閣ではなく、厚生労働大臣となるのです。実質的にどの行政機関が原案を作るかという視点に立って、パブリックコメント手続の実施機関を決めようとしているのです。

このように「命令等制定機関」はパブリックコメントの実施機関を決めるに当たって重要な概念には違いありません。それでも、行政手続法二条の定義規定では扱われていません。その重要性は、パブリックコメントに際しての技術的なものであり、行政手続法全体にわたるとまでいえないと判断したからです。

徳川家康の生涯を描くテレビドラマがあったとします。徳川家康を演じる俳優は主役ですから、ドラマのエンディング（エンドロール）では真っ先にその名を紹介されるに違いありません。しかし、同じ徳川家康を演じる俳優であっても、幼年期の徳川家康を演じる子役は登場時のテロップですまされてしまうかもしれません。主役を演じたといっても、ほんの一時期（一場面）のことだからです。

定義規定においても、法律全体を通じての重要性、使用頻度、特別な用語として込められた意味などを踏まえて「主な用語」かどうかが判断されます。

[4] 定義規定の及ぶ範囲

「この法律において『○○』とは」式の定義は、その法律の全部に及びます。前文にも、附則にも、別表にも及ぶのです。ただ、その法律が改正された際の一部改正法の附則には及びません。一部改正法は別な法律であるからです。

なお、「以下『○○』という。」との定め方をした定義の場合には、「以下」とあるのですから、定義規定より前の条文にその定義が反映しないのはもちろんのことです。また、定義を特定の範囲（特定の章・節などや条）だけに及ぼしたい場合には、次の例のよう「第○章（第×条）において同じ。」などと表現することになります。

○行政手続法
（目的等）
第一条　この法律は、処分、行政指導及び届出に関する手続並びに命令等を定める手続に関し、共通する事項を定めることによって、行政運営における公正の確保と透明性（行政上の意思決定について、その内容及び過程が国民にとって明らかであることをいう。第四十六条において同じ。）の向上を図り、もって国民の権利利益の保護に資することを目的とする。
2　略

さて、疑問が生じるのが、その法律に基づく政令や省令にも定義規定が及ぶかという問題です。古い法律では電波法二条のように、法律上の定義規定がその法律に基づく政令や省令にも及ぶことをわざわざ明らかにしているものもあります。ただ、こうした規定がなくとも及ぶものと考えられています。下位法令まで定義が及ぶとしたのは、委任命令などと合わせて法律が完結するものと考えてのことです。

○電波法
（定義）
第二条　この法律及びこの法律に基づく命令の規定の解釈に関しては、次の定義に従うものとする。
一　「電波」とは、三百万メガヘルツ以下の周波数の電磁波をいう。
二～六　略

このことを前提にすると、次の「中小企業における経営の承継の円滑化に関する法律施行規則」一条一項は例外的な規定といえます。「中小企業者」については、様々な法律で定義がされており、その内容が必ずしも一致していません。そのため、他の定義規定とともに、念のために再定義したものと思われます。

> ○中小企業における経営の承継の円滑化に関する法律施行規則
> （定義）
> 第一条　この省令において「中小企業者」とは、中小企業における経営の承継の円滑化に関する法律（以下「法」という。）第二条に規定する中小企業者をいう。
> 2〜14　略

略称規定

[1]　略称規定の意味と方法

「証拠書類又は証拠物（以下「証拠書類等」という。）」（行政手続法十五条二項一号）のように、法令で用いられる表現を簡略化した規定のことを「略称規定」といいます。

略称規定は普通、「以下『○○』という。」、「以下この章において『○○』という。」などと略称が及ぶ範囲を示して規定されるのが普通です。

また、メニューにある「野菜たっぷりタンメン」をただ「タンメン」と注文する場合のように、修飾語の部分をそぎ落として略称する場合には、「以下単に『〇〇』という。」との表現をとることもあります。

〇養豚農業振興法

（基本方針）

第三条　農林水産大臣は、養豚農業の振興に関する基本方針（以下単に「基本方針」という。）を定めるものとする。

2～5　略

〇国際的な子の奪取の民事上の側面に関する条約の実施に関する法律

（子の参加）

第四十八条　1～5　略

6　第一項又は第二項の規定により子の返還申立事件の手続に参加した子（以下単に「手続に参加した子」という。）は、当事者がすることができる手続行為（略）をすることができる。（以下、略）。

［2］定義規定との区別

もう気がついたかもしれません。略称規定と定義規定とは実は区別がつきにくいのです。これまで述べてきたように、表現を簡略化したものが略称規定です。次のたばこ事業法二十二条一項の規定例でいえば、「その製造たばこに係る営業所（以下第三十七条まで及び第四十九条において「営業所」という。）」は、文句なく略称規定に分類できるでしょう。ところが、「小売販売（消費者に対する販売をいう。以下同じ。）」は略称規定か定義規定かで意見が分かれるかもしれません。「消費者に売る業態」＝「小売」を前提にして、消費者に対する販売を「小売販売」と表現したというのであれば定義規定です。ところが、「消費者に対する販売」＝「小売販売」として、小売販売という言葉が世の中で定着していると考えれば、略称規定と考えることも不可能ではありません。

○たばこ事業法
（製造たばこの小売販売業の許可）
第二十二条　製造たばこの小売販売（消費者に対する販売をいう。以下同じ。）を業として行おうとする者は、当分の間、その製造たばこに係る営業所（以下第三十七条まで及び第四十九条において「営業所」という。）ごとに財務大臣の許可を受けなければならない。会社又は特定販売業者が小売販売を業として行おうとするときも、同様とする。
2・3　略

略称規定と定義規定とはこのように相対的なのですから、立案の際には定義規定なのか、略称規定なのかの区別などあまり気にせず、規定すべき内容に心血を注ぐべきだといえそうです。

適用範囲・適用除外の規定

個別の条文の適用範囲や適用除外に関することは、その条項で規定されます。しかし、それが、法令全体や法令の大部分にわたることであるなら、総則部分で規定されることがあります。

次の狂犬病予防法は法全体にわたる適用範囲の規定例です。

○狂犬病予防法
（適用範囲）
第二条　この法律は、次に掲げる動物の狂犬病に限りこれを適用する。ただし、第二号に掲げる動物の狂犬病については、この法律の規定中第七条から第九条まで、第十一条、第十二条及び第十四条の規定並びにこれらの規定に係る第四章及び第五章の規定に限りこれを適用する。
一　犬
二　猫その他の動物（略）であつて、狂犬病を人に感染させるおそれが高いものとして政令で定めるもの
2・3　略

解釈規定

解釈規定といえば、「第○項の規定による立入検査の権限は、犯罪捜査のために認められたものと解してはならない。」という立入検査に関するものが頭に浮かぶかもしれません。なるほど、こうした個々の条文に関する解釈規定もありますが、法令全体の解釈や運用の指針を示す解釈規定もあります。こうした規定は総則部分に置かれることがあります（二七・二八頁参照）。

3　実体的規定の書き方

時系列の支配

実体的規定の内容は法令それぞれであり、総則的規定のように共通するものがありません。ただ、こうした視点で書くべきといったことでいえば、その視点として「時系列の支配」、「原則から例外への流れ」、「パンデクテン方式」を挙げることができます。

時系列の支配というのは、簡単にいえば「時の順に規定する」というものです。「時系列の支配を意識する」というと、いかにも難しいことを述べているようですが、これは大人なら誰もが手にしている感覚です。たとえば、上司から「昨日の仕事を報告してほしい」と言われたら、「午前中はお客様のところにお邪魔して、昼はそのまま広報誌の刷り上がりを確認しに印刷所に行き、午後からはA社との打ち合わせに行きました。」などと答えるでしょう。「お昼は印刷所に行って、午前中は…」などと説明することはしないはずです。時間を追っての説明が理解されやすいことを私たちは経験から知っています。

法律の規定での時系列の支配は、しばしば手続の順として現れます。たとえば、行政代執行法です。行政代執行法は古い法律のため、見出しが付けられていませんが、条文の一部の内容を要約すると次のようになります。

行政代執行法の内容
戒告（3条1項）
代執行令書（3条2項）
執行責任者の証票携帯呈示義務（4条）
費用の納付命令（5条）
費用の徴収（6条）

四条は少しイメージしにくいですが、以下のような条文です。まさに、代執行を行う際の条文ということができます。

○行政代執行法
第四条　代執行のために現場に派遣される執行責任者は、その者が執行責任者たる本人であることを示すべき証票を携帯し、要求があるときは、何時でもこれを呈示しなければならない。

そうだとすれば、三条一項から六条までの規定は代執行の手続に従って並んでいるということができます。義務を履行しないときに、このままでは代執行を行うと警告するのが三条一項の「戒告」です。代執行の決定を受けてその時期などを通知するのが三条二項の「代執行令書」です。代執行の場面が四条。そして、代執行終了後、その費用の納付を義務者に命じます。これが五条。そして、六条では命令を受けても代執行に要した費用を払わない場合には、国税を滞納した場合と同様に強制徴収する権限を与えています。

また、時系列の支配は、実体的規定全体でなく、一部の一連の規定のなかで実現している場合もあります。条数が多い法令では、むしろ、そうした場合の方が多いかもしれません。たとえば、行政事件訴訟法は、民事訴訟の特例（特別法）部分だけを抜き書きしたような法律ですが、それでも取消訴訟に関する規定を眺めてみると時系列の支配が及んでいるのが分かります。「訴訟提起に当たって必要となる規定」、「審理に関する規定」、「事情判決」、「判決の効力」、「再審」といった順に規定が並んでいます。

原則から例外への流れ

[1] 条のなかでの原則・例外

すべての実体的規定に時系列の支配が及んでいるわけではありません。ただ、時系列の支配が及んでいなくても、まず原則を規定し、そのあとに例外を規定するということは行われています。これも合理的な思考パターンに沿うものだからです。「たまには女房が弁当を作ってくれます。でもいつもは社員食堂ですが…」というように、日常会話では意識的に例外を先に言う場合があります。そこには例外を強調しようとする意図があります。ただ、こうした文章の組立ては法文では行われません。「いつもは社員食堂で食べます。でも、たまには女房がお弁当を作ってくれます。」。平凡ではありますが、それでいいのです。条文はひたすら合理性を追求するものだからです。たとえば、情報公開法です。五条から七条まで、及び十条・十一条の見出しは次のようになります。

○行政機関の保有する情報の公開に関する法律
第五条（行政文書の開示義務）
第六条（部分開示）
第七条（公益上の理由による裁量的開示）
第十条（開示決定等の期限）
第十一条（開示決定等の期限の特例）

三条の開示請求権を受けて、五条では行政文書の開示義務を定めています。ただし、不開示情報が記録されている場合は開示されません。その上で、六条では、不開示情報が記録されている場合でも、その部分を容易に区分して除くことができるときは、残った部分を開示しなければならないと定めています。これを「部分開示」といいます。ある意味、五条の開示方法の例外に当たります。さらに、七条は不開示情報そのものでも、開示する場合を定めています。公益上特に必要があると認めるときには開示することができると定めているのです。これも五条の例外となります。五条を原則とすれば、六条はその一般的な例外規定ですし、七条はさらに稀な例外規定ということができます。

また、十条、十一条は開示決定等の期限についての規定です。見出しどおり、十条は原則的な期限、十一条が期限の特例（例外）となっています。原則的な期限を定める十条ですが、次のように、そこにも原則と例外が潜んでいます。

○行政機関の保有する情報の公開に関する法律

（開示決定等の期限）

第十条　前条各項の決定（以下「開示決定等」という。）は、開示請求があった日から三十日以内にしなければならない。ただし、第四条第二項の規定により補正を求めた場合にあっては、当該補正に要した日数は、当該期間に算入しない。

2　前項の規定にかかわらず、行政機関の長は、事務処理上の困難その他正当な理由があるときは、同項に規定する期間を三十日以内に限り延長することができる。この場合において、行政機関の長は、開示請求者に対し、遅滞なく、延長後の期間及び延長の理由を書面により通知しなければならない。

十条一項では、原則的な開示決定等の期限を三十日以内としながらも、同条二項では例外的な場合にはさらに三十日以内の延長を認めているのです。また、十一条では「開示請求に係る行政文書が著しく大量である」場合のさらなる例外が定められています。つまり、「十条一項、十条二項、十一条」の関係は、「原則、例外、さらなる例外」と整理することができます（図8）。

[2] 重要な事項から重要でない事項へ

なお、原則・例外関係にもなじまない場合には、より重要と思われる事項から、そうでない事項へと規定するのが普通です。「より重要」という判断はなかなか難しい場合もあります。それでも、立案に際しては規定の順序立てをしなくてはなりません。どうして、その順序にしたのか説明できるものとしなくてはならないのです。

たとえば、行政事件訴訟法の本則の目次は次のようなものです。このうち、実体的規定は二章から四章までです。

〔図8〕

	開示決定等する期限
原則（10条1項）	30日以内 ※補正に要した日数は含まない
事務処理上の困難その他正当な理由による例外（10条2項）	30日＋30日以内
著しく大量であるため、事務執行に著しい支障が生ずるおそれがある場合のさらなる例外（11条）	60日以内に相当の部分を開示決定等し、残りは相当の期間内に

○行政事件訴訟法
目次
第一章　総則（第一条―第七条）
第二章　抗告訴訟
第一節　取消訴訟（第八条―第三十五条）
第二節　その他の抗告訴訟（第三十六条―第三十八条）
第三章　当事者訴訟（第三十九条―第四十一条）
第四章　民衆訴訟及び機関訴訟（第四十二条・第四十三条）
第五章　補則（第四十四条―第四十六条）
附則

行政事件訴訟の四類型のうち、まずは「抗告訴訟」を規定し、続いて「当事者訴訟」、「民衆訴訟及び機関訴訟」としています。そして、抗告訴訟のうちでは、取消訴訟を真っ先に規定し、「その他の抗告訴訟」が続くという規定順序になっています。行政事件訴訟法のこの並びは法律を学ぶ者にとっては、もはや当り前のものでしょう。しかし、法案作成時には、立案者は頭を痛めたかもしれません。

沿革的には、現在の行政事件訴訟法は行政事件訴訟特例法（昭和二十三年法律第八十一号）を廃止し、定められたものです。行政事件訴訟特例法は、行政処分の取消しや変更の訴訟を定めた法律だったのですが、行政事件訴訟法では行政事件訴訟が多様化し四類型が定められました。そして、取消訴訟は抗告訴訟のひとつに位置付けられたのです。こうした経緯から、取消訴訟を中心にして行政事件訴訟法が規定されたともいえます。ただ、もし、こうした経緯を知らなくとも、抗告訴訟、とりわけ取消訴訟を中心に規定するのが「落ち着く」ように感じられます。取消訴訟を中心とする主観訴訟には、国民の権利を保護する機能が強くあります。さらに、客観訴訟である民衆訴訟や機関訴訟は、別にそうした訴訟を認める法律の規定があってはじめて認められる訴訟という面があります。そうなると、やはり、規定の順序としては、最初に抗告訴訟が来て、その次が同じ主観訴訟の当事者訴訟、そして、民衆訴訟や機関訴訟ということになります。民衆訴訟と機関訴訟のどちらを先にするかは議論があるところだと思いますが、抗告訴訟、当事者訴訟の順は動かし難いような気がします。抗告訴訟のなかでは、これまでの訴訟の実績からも取消訴訟が重要と判断されることも自然なことでしょう。こうして、現在の行政事件訴訟法の規定順序ができあがったものと思われます。

パンデクテン方式

最後にパンデクテン方式です。パンデクテン方式というのは、共通することをまず先に書いてしまって、条文を始める方式のことです。たとえば次の文は、「私の憧れる人」という題の作文です。

私の憧れる人
私が憧れるのは大きな心を持っている人です。さらに、それが男性ならやさしい眼差しの人に、それが女性ならキラリと光る個性の持ち主に心惹かれます。

「大きな心を持っている」という部分は男女を問わず憧れる人の要素として挙げられています。このように共通する要素を先に出すことで、論理性を高め、しかも記述量を減らすことができるのです。民法をはじめ、規定内容が多い法律ではこのパンデクテン方式をとることによって条文の分量を減らすことを実現しています。法令の本則が四部構成で成り立っており、最初に総則が置かれるのも、このパンデクテン方式の表れなのです。次の会社法の規定では、一編・総則の規定のボリュームが大きいため、一編中の総則部分をさらに「通則」として先に規定しています。

○会社法
目次（抄）
第一編　総則
第一章　通則（第一条～第五条）
第二章　会社の商号（第六条～第九条）
（以下、略）

さて、このパンデクテン方式と実体的規定との関係です。実体的規定のボリュームが大きい場合にもやはり、共通部分を先に抜き出して規定するということが行われています。たとえば、次の民事保全法の目次を見ると、第一章のほかに、第二章第一節の節名にも「総則」の文字が見えます。これは、第二章の「保全命令に関する手続」の共通部分をくくり出した「総則」なのです。

○民事保全法
目次（抄）

規制法（許可法）の組立て例

[1] 事業の許可

「時系列の支配」、「原則から例外への流れ」、「パンデクテン方式」。実際にはこうした三つの視点を踏まえて、実体的規定部分の条文を組み立てることになります。ここでは、規制法（許可法）を例にして、その組立てを見ることにしましょう。

二〇〇三（平成十五）年に、「民間事業者による信書の送達に関する法律」（以下「信書便法」といいます。）が施行され、国の独占であった信書の送達事業への民間の参入が認められました。その信書便事業には、一般信書便事業と特定信書便事業がありますが、そのうち、一般信書便事業の許可は信書便法六条に規定されています。

> ○民間事業者による信書の送達に関する法律
> （定義）
> 第二条　1〜4　略
> 5　この法律において「一般信書便事業」とは、信書便の役務を他人の需要に応ずるために提供する事業であって、その提供する信書便の役務のうちに一般信書便役務を含むものをいう。
> 6〜9　略
> （事業の許可）
> 第六条　一般信書便事業を営もうとする者は、総務大臣の許可を受けなければならない。

許可制度を定める場合には、まず、「どのような行為に許可が必要なのか」ということをはっきりさせなくてはなりません。それが信書便法六条の規定です。「一般信書便事業を営もうとする者は」とありますが、その「一般信書便事業」の定義については二条五項に定められています。ただ、定義規定に使われている「信書」、「信書便」、「一般信書便役務」という用語が分からないと、その内容が明らかになりません。実は、これらの用語もまた同条に定義されており、トータルで「一般信書便事業」の内容が明らかにされるしくみとなっています。

「どのような行為に許可が必要なのか」ということをはっきりさせなくてはならないのは、事業に対する許可の場合だけではありません。一定の行為を行うに当たっての許可も同じです。次の道路交通法八十四条一項はいわゆる「運転免許」の根拠規定ですが、この規定中の「自動車」や「原動機付自転車」についても、やはり、道路交通法二条に定義規定が置かれています。

> ○道路交通法
> （運転免許）
> 第八十四条　自動車及び原動機付自転車（以下「自動車等」という。）を運転しようとする者は、公安委員会の運転免許（以下「免許」という。）を受けなければならない。
> 2～5　略

[2]　許可の申請手続

話を信書便法に戻します。六条（事業の許可）以下には、次のような見出しの規定が続きます。

> ○民間事業者による信書の送達に関する法律

第七条（許可の申請）
第八条（欠格事由）
第九条（許可の基準）

七条の「許可の申請」には、許可を受けるには申請が必要であること、申請書に記載しなければならない事項や添付しなければならない書類が定められています。記載事項や添付書類については、当然、許可の判断の要素になるようものでなければなりません。

○民間事業者による信書の送達に関する法律
（許可の申請）
第七条　前条の許可を受けようとする者は、次に掲げる事項を記載した申請書を総務大臣に提出しなければならない。
一　氏名又は名称及び住所並びに法人にあっては、その代表者の氏名
二　次に掲げる事項に関する事業計画
イ　信書便物の引受けの方法
ロ　信書便物の配達の方法
ハ・ニ　略
三　他に事業を行っているときは、その事業の種類
2　前項の申請書には、事業収支見積書その他総務省令で定める事項を記載した書類を添付しなければ

ならない。

九条に「許可の基準」の規定があります。「許可の申請」は「許可の基準」に照らして許可すべきかどうか判断されます。ですから、「許可の申請」の後に「許可の基準」が置かれるのは自然なことです。ただ、信書便法では、「許可の基準」の前に「欠格事由」という条文が置かれています。

○民間事業者による信書の送達に関する法律
（欠格事由）
第八条　次の各号のいずれかに該当する者は、第六条の許可を受けることができない。
一　一年以上の懲役又は禁錮の刑に処せられ、その執行を終わり、又は執行を受けることがなくなった日から二年を経過しない者
二・三　略

「欠格事由」は、いわば消極的な許可基準です。欠格事由に該当すれば「許可の基準」に照らすまでもなく排除されます。そのため、「許可の基準」の前に置かれているのです。

[3]　許可後に必要となる規定

○民間事業者による信書の送達に関する法律

第十条（氏名等の変更）
第十一条（事業計画の遵守義務）
第十二条（事業計画の変更）

十条から十二条までは、申請書に記載された事項についての変更手続などが定められています。記載事項の変更については、原則として、総務大臣への「届出」が必要です。ただ、「事業計画」についてだけは、その重要から「届出」ではなく、総務大臣の「認可」が必要とされています。これが十二条です。「『事業計画の変更』の方が重要なので『氏名等の変更』より先に規定する」という選択はあるかもしれません。ただ、「届出」が原則で、例外的に「認可」が必要な場合があるのですから、「原則から例外へ」の考え方に従い、届出ですむ「氏名等の変更」を先に規定しています。気になるのが十一条の「事業計画の遵守義務」です。これは変更手続に関する規定ではありません。ですから、許可が得られたあとの場面（「許可の基準」の次）に置くこともできたように思います。ただ、「事業計画の変更」の手続に引っ張られてこの場所で規定したのでしょう。たとえば、「書類はコピーしてみんなに配って、原本は田中部長に返しておいてね。そういえば田中部長、近頃元気ないようだけれど何か聞いていない？　いずれにしても、原本を部長に渡す際に、次の指示を仰いでおいてね。」という場合の「そういえば田中部長〜」に当たるようなものです。さて、その後の規定も見てみましょう。

○民間事業者による信書の送達に関する法律
第十三条（事業の譲渡し及び譲受け等）
第十四条（相続）
第十五条（事業の休止及び廃止並びに法人の解散）

十三条、十四条は事業を続ける場合であり、十五条は事業をやめる（休止の場合も含めて）場合ということになります。事業の許可という流れで定められている一群の条文はここで終わりとなります。

住民との関係が加わった許可法

[1] ペット霊園規制条例の特徴

条例で許可制度を定める場合には、関係する住民の意見を聴く手続などが組み込まれることも多いのです。許可する行政庁が意見を聴くのではなく、許可を求める者が住民の意見を聴く手続が定められている場合、条文が少々、複雑となります。ただ、条文が複雑になっても、いいえ、複雑になればなるほど、「時系列（手続の順）」というシンプルな原則に従い、条文を組み立てることが大切です。

こうした例として「千葉市ペット霊園の設置の許可等に関する条例」を見てみましょう。題名のとおり、ペット霊園に関する規制条例です。墓地などについての規制法としては「墓地、埋葬等に関する法

〔図9〕

○千葉市ペット霊園の設置の許可等に関する条例	
規定の意味・場面	条数と見出し
許可の根拠	第4条（設置等の許可）
申請前の手続	第5条（事前協議） 第6条（標識の設置等） 第7条（説明会の開催等）
許可の申請・許可	第8条（許可の申請） 第9条（許可の基準）
許可後、設置までの手続	第10条（許可等の通知） 第11条（工事着手届） 第12条（工事完了届等）
設置後の規定	第13条（維持管理） 第14条（地位の承継） 第15条（中止、変更及び廃止の届出）
監督規定	第16条（報告及び検査） 第17条（改善勧告） 第18条（改善命令） 第19条（許可の取消し） 第20条（使用禁止命令） 第21条（公表）

律」という法律がありますが、ペット霊園は対象としていません。ですから、この条例は市独自の規制ということができます。法律と交差する部分がありませんので、手続のすべてが条例で完結することになります。図9は、実体的規定部分の目次を場面に分けて掲載したものです。

［2］申請前の手続など

さきほどの信書便法と比べてみると、「許可の申請」の前に一連の規定があるのが分かります。許可の申請をしようとする者（申請予定者）にも、事前の手続を課しており、それに関する手続が定められているのです。ペット霊園は、その必要性を理解する住民であっても、「自分の家の裏庭（近く）には存在してほしくない（Not In My Backyard）」と考えがちな施設のひとつです。そのため、住民の不安を減らしトラブルを回避するための申請前の手続を条例で定めたというわけです。

五条では申請予定者に市長との協議を義務付け、六条ではペット霊園の計画がある土地に標識を立てることを定めています。さらに、七条では申請予定者による近隣住民への説明会などの義務付けがあります。八条では「許可の申請」について規定していますが、申請書の添付書類として近隣住民等説明会経過等報告書などの添付が義務付けられています。つまり、こうした事前の手続を経てようやく申請は可能となるのです。

[3] 許可後、設置までの手続

九条以下は許可が与えられ、ペット霊園が設置される場面の規定です。設置の許可は、九条の許可の基準に照らして審査が行われます。審査の結果は十条に従い通知されます。許可の基準を満たした場合にはもちろん許可が与えられますが、市は許可後も設置されるペット霊園が許可の内容を踏み外すことがないように関心を持ち続けています。そのため、十一条では工事着手届を義務付け、十二条では工事完了届を義務付けています。

[4] 設置後の規定

十三条から十五条までは、設置後の規定です。十三条では工事が完成し、ペット霊園を設置した者が申請に際して提出された維持管理計画書どおりに維持管理するべきことが定められています。十四条、十五条の意味はすでに説明しました。

[5] 監督規定

十六条以下は、ペット霊園の監督のための規定です。この条例が守られているか市長は報告を求めたり、職員に検査させることができます。これが十六条です。さらに、十七条、十八条では、ペット霊園の設置者が維持管理計画書に従っていない場合には「改善勧告」をし、従わない場合には「改善命令」を出すことができるとしています。十九条では不正手段により設置の許可を得た場合の「許可の取消し」を定めています。二十条では、許可を得ないでペット霊園を設置した者や許可の取消しを受けた者へのペット霊園の「使用禁止命令」を定めています。

二十一条には「公表」の規定が置かれていますが、これはペナルティとしての公表の意味合いがあります。改善命令や使用禁止命令を出したのにこれに従わない者について「その経過及び当該命令に従わない者の氏名等を公表することができる。」としています。

十六条以下は、監督のために必要な情報収集の手段を規定した後、監督の手法を段階的に規定しているといえます。監督の手法としては弱いものから強いものへと規定しているのですが、これは現実に行われる対応の段階を反映したものとなっています。

報告の徴収及び立入検査の規定

千葉市ペット霊園の設置の許可等に関する条例十六条にあるような「報告の徴収及び立入検査」の規定は、監督すべき対象が複数あるような場合には、まとめて雑則に置かれる場合があります。たとえば、信書便法では、信書便事業者に一般信書便事業者と特定信書便事業があるため、雑則に置かれています。

○民間事業者による信書の送達に関する法律

（報告の徴収及び立入検査）

第三十七条　総務大臣は、この法律の施行に必要な限度において、総務省令で定めるところにより、一般信書便事業者又は特定信書便事業者に対し、その事業に関し、報告をさせることができる。

2　総務大臣は、この法律の施行に必要な限度において、その職員に、一般信書便事業者又は特定信書便事業者の事務所その他の事業場に立ち入り、業務若しくは経理の状況若しくは事業の用に供する施設、帳簿、書類その他の物件を検査させ、又は関係者に質問させることができる。

3　前項の規定により立入検査をする職員は、その身分を示す証明書を携帯し、関係者の請求があったときは、これを提示しなければならない。

4　第二項の規定による権限は、犯罪捜査のために認められたものと解してはならない。

なお、こうした行政機関の職員による立入検査の規定については、信書便法三十七条三項及び四項のような規定が置かれるのが普通です。特に四項の「犯罪捜査のために認められたものと解してはならない」とする解釈規定は、こうした立入検査が行政としての監督のために行われるものであることを明記しています。行政としては、法に沿った適正な行為を行わせるための情報収集が立入検査の目的なのです。法違反行為を立件するための証拠を集めるための行為は「捜査」として別途、令状を備えた上で、警察の手などにより行われることになります。

4　雑則に置かれる規定

「財政上の措置」と「国の援助」

雑則には、法令全体に渡る事項のうち、総則に置かれるほどは重要性のない、技術的、手続的な規定が置かれますが、それぞれの法令で規定は様々です。雑則には「規定すべき事項のうち他の部分で規定しなかったことが置かれる」と理解してもよいかもしれません。ここでは比較的、雑則に置かれることが多い規定を説明しておきます。まずは、「財政上の措置」の規定です。

「財政が豊かなときはよいが、景気が悪くなると補助金なんかどうなるか分からない。だから、『財政上の措置』の規定を入れておくんだよ。」。議院法制局入局間もない頃、ある与党議員よりそう財政上の措置の規定の意義を教えてもらいました。なるほど、議員の言うように、財政上の措置の規定は、法律に基づく施策を実現するための予算措置確保を求める意味を持ちます。財政上の措置は、法律には国（政府）の責務を規定するものですから、責務規定などと並んで総則に置かれます。次の例でも「法制上の措置」の義務付けと併せて総則の最後に規定されています。

○雨水の利用の推進に関する法律
（法制上の措置等）
第六条　政府は、雨水の利用の推進に関する施策を実施するために必要な法制上又は**財政上の措置**その他の措置を講じなければならない。

ただ、そうした財政上の措置を求める規定も、法律が地方公共団体に何らかの期待をし、それに対する「国の援助」として規定するような場合には、雑則に置かれます。直接的ではなく側面支援の部分があるので、こうした取扱いになるのでしょう。次の「お茶の振興に関する法律」はその例です。

○お茶の振興に関する法律
（国の援助）
第十一条　国は、地方公共団体が振興計画に定められた施策を実施しようとするときは、当該施策が円滑に実施されるよう、必要な情報の提供、助言、**財政上の措置**その他の措置を講ずるよう努めるものとする。

なお、条例の場合には「財政上の措置」は雑則の最後に置かれることが多くあります。

「施策の実施状況の公表」など

「施策の実施状況」に関する公表規定が雑則に置かれることがあります。比較的新しく導入された制度などの定着や改善のためにデータを集め、それを公にする意味合いがあります。また、公表と併せて、国会への報告を義務付ける場合もあります。

○裁判員の参加する刑事裁判に関する法律
（運用状況の公表）
第百三条　最高裁判所は、毎年、対象事件の取扱状況、裁判員及び補充裁判員の選任状況その他この法律の実施状況に関する資料を公表するものとする。

○特定秘密の保護に関する法律
（国会への報告等）
第十九条　政府は、毎年、前条第三項の意見を付して、特定秘密の指定及びその解除並びに適性評価の実施の状況について国会に報告するとともに、公表するものとする。

事務の区分

地方公共団体に関する「事務の区分」の規定も雑則に置かれます。地方公共団体の事務は自治事務と法定受託事務に分けられます。法定受託事務は図10のように、さらに第一号法定受託事務と第二号法定受託事務に分かれます（地方自治法二条九項）。

現在、法定受託事務を個別法で定める場合には、その事務の区分を明らかにする規定が置かれます。さらに、第一号法定受託事務については地方自治法別表第一に、第二号法定受託事務については同法別表第二に確認的に掲げられています。個別法と地方自治法別表で事務の区分を確認することができるようになっているのです。

図10の説明にもあるように、法定受託事務は個別の政令によっても定めることができ、この場合には個別の政令に事務の区分を規定した上で、地方自治法施行令別表にも確認的に掲げられます。第一号法定受託事務については地方自治法施行令別表第一に、第二号法定受託事務については同令別表第二に掲げられています。なお、自治事務は「地方公共団体が処理する事務のうち、法定受託事務以外のもの」をいいます（地方自治法二条八項）。

〔図10〕

第一号法定受託事務	第二号法定受託事務
法律又はこれに基づく政令により都道府県、市町村又は特別区が処理することとされる事務のうち、**国が本来果たすべき役割に係るもの**であって、国においてその適正な処理を特に確保する必要があるものとして法律又はこれに基づく政令に特に定めるもの	法律又はこれに基づく政令により市町村又は特別区が処理することとされる事務のうち、**都道府県が本来果たすべき役割に係るもの**であって、都道府県においてその適正な処理を特に確保する必要があるものとして法律又はこれに基づく政令に特に定めるもの

○消費者安全法
（事務の区分）
第四十八条　前条第二項の規定により地方公共団体が処理することとされている事務は、地方自治法（略）第二条第九項第一号に規定する第一号法定受託事務とする。

権限の委任

「権限の委任」に関する規定も雑則に置かれます。権限が委任されたならば、その権限に基づく処分は委任先の行政機関の名で行われ、委任元の行政機関は権限を失います。

○景観法
（権限の委任）
第九十七条　この法律に規定する国土交通大臣の権限は、国土交通省令で定めるところにより、その一部を地方整備局長又は北海道開発局長に委任することができる。

下位法令への委任規定

行政立法のうち、国民の権利義務にかかわるものを法規命令といいます。法規命令のうち、国民の権利を制限し、義務を課す内容を形作るようなものは、法律の委任がないと定めることはできません。普通、こうした法規命令は、「政令に定めるところにより」などとする法律の規定を受けて定められます。これを「委任命令」といいます。これとは別に、法律を執行するための純粋に手続的な法規命令は「執行命令（実施命令）」と呼ばれています。たとえば「届出の様式」を定める省令の規定は、この執行命令に当たるでしょう。執行命令は、教科書的には、当然に行政機関の命令で定めることができるとされています。つまり、法律による個別の委任規定は必要ないのです。ただ、実際には、次のような執行命令の根拠とも読める規定が雑則には置かれています。その意味としては、念のための規定と考えられています。法規命令なのか執行命令なのか、判然としない場合もあり、それがこうした規定が生まれる背景となっているのでしょう。ただ、純粋に「念のため」の意味しかないのかといえば、そうでもありません。執行命令をどのような法令をもって定めるのかの立法者の意思を明らかにする意味があるからです。政令で定めるのか、それとも省令で定めるのかなどを明らかにする意味合いがあります。

> ○行政手続における特定の個人を識別するための番号の利用等に関する法律
> （政令への委任）
> 第五十条　この法律に定めるもののほか、この法律の実施のための手続その他この法律の施行に関し必要な事項は、**政令**で定める。

○電気事業者による再生可能エネルギー電気の調達に関する特別措置法
（経済産業省令への委任）
第四十二条　この法律に定めるもののほか、この法律の実施のために必要な事項は、**経済産業省令**で定める。

地方公共団体の措置

法律が国と同様のしくみを自治体に求める場合に、以下のような努力義務規定を置くことがあります。

○行政手続法
（地方公共団体の措置）
第四十六条　地方公共団体は、第三条第三項において第二章から前章までの規定を適用しないこととされた処分、行政指導及び届出並びに命令等を定める行為に関する手続について、この法律の規定の趣旨にのっとり、行政運営における公正の確保と透明性の向上を図るため必要な措置を講ずるよう**努めなければならない**。

国と地方公共団体は対等な関係にあります。ですから、国の制度を直接的に適用することを求めるのを避け、それぞれの自治体でしかるべき措置をとるよう求めたのがこうした規定です。もちろん、どのような方法で実現するかは自治体が決めることです。行政手続のルール化でいえば、行政手続条例を制定してもいいし、規則を定めてもいいし、場合によっては要綱で実現することもあるかもしれません。

国の立場に立てば、「〇〇しなければならない」と規定したいところをこらえて「努めなければならない」としています。自主性を重んじて「宿題をやりなさい」とはいわず「宿題はどうしたの？」と尋ねるようなものでしょうか。

主務大臣と主務省令

所管する大臣が複数ある場合には「主務大臣は～しなければならない。」などと表現します。この場合、主務大臣が具体的にどの大臣を指すのかを明らかにする規定が必要となります。

> 〇使用済小型電子機器等の再資源化の促進に関する法律
>
> （基本方針）
>
> 第三条　**主務大臣は**、使用済小型電子機器等の再資源化を総合的かつ計画的に推進するため、使用済小型電子機器等の再資源化の促進に関する基本方針（略）を定めるものとする。
>
> 2・3　略

（主務大臣等）
第十九条　この法律における**主務大臣**は、環境大臣及び経済産業大臣とする。
2　この法律における**主務省令**は、環境大臣及び経済産業大臣の発する命令とする。

また、こうした共管の法律に関しての下位法令としての省令は共同省令という形で発出されることがあります。「使用済小型電子機器等の再資源化の促進に関する法律施行規則（平成二十五年経済産業省・環境省令第三号）」のようにです。ただ、一部の省令については、主務大臣の一部が発出するものもあります。「使用済小型電子機器等の再資源化の促進に関する法律施行令第四条に規定する委託の基準に関する省令（平成二十五年環境省令第五号）」はそうした例です。

さらにマニアック度が上がりますが、省令と内閣府令との共同「省令」の題名をどのように表現するかが問題となります。この場合には「省令」という言葉が使えませんから「命令」という言葉を題名に使います。「一般定年等隊員の退職管理に関する命令（平成二十七年内閣官房・防衛省令第一号）」のようにです。

「聴聞の特例」など

行政手続法十三条一項では不利益処分を行う際に、その名宛人に意見陳述の機会を与える手続を義務付けています。許認可の取消し、資格のはく奪などの重い不利益処分の場合には「聴聞」というていねいな手続を、それほど重くない不利益処分では「弁明の機会の付与」という弁明書を提出するだけの手続を義務付けています。

ただ、行政手続法の規定はいわば、不利益処分を行う際のスタンダード（標準的）な手続を定めたものといえます。これとは異なった形で不利益処分を行う際の手続が定められることがあります。こうした行政手続法の特別法的な規定がしばしば雑則として置かれます。

次の旅館業法九条はこうした規定のひとつです。行政手続法では、聴聞の通知は「聴聞を行うべき期日までに相当な期間をおいて」（同法十五条一項）しなければならないものとされています。また、弁明の機会の付与の通知は「弁明書の提出期限までに相当な期間をおいて」（同法三十条）しなければなりません。この「相当な期間」はそれぞれのケースごとに個別に判断されるものなのですが、旅館業法九条一項ではこれを一律に「一週間前までにしなければならない」としています。

また、行政手続法二十条六項では聴聞は原則、非公開とされているのですが、旅館業法九条二項では公開を義務付けています。

> ○旅館業法
> 第九条　第八条の規定による処分に係る行政手続法（略）第十五条第一項又は第三十条の通知は、聴聞の期日又は弁明を記載した書面の提出期限（略）の**一週間前までにしなければならない。**
> 2　第八条の規定による許可の取消しに係る聴聞の期日における審理は、**公開により行わなければならない。**

もうひとつ例を見てみましょう。「特定地域及び準特定地域における一般乗用旅客自動車運送事業の適正化及び活性化に関する特別措置法」（以下「特措法」といいます。）十八条の四第一項では、行政手続法十三条一項の規定どおりだと「弁明の機会の付与」が行われるべき「事業の停止命令」について、「聴聞」を行わなければならないとしています。

特措法十八条の四第二項では、行政手続法十七条一項では「参加することを許可することができる」とする利害関係人について「参加することを求めたときは、これを許可しなければならない」としています。さらに、特措法十八条の四第三項では、行政手続法では特に定めのない「参考人」について定めを置いて、聴聞に際して意見を聴くことができるものとしています。

○特定地域及び準特定地域における一般乗用旅客自動車運送事業の適正化及び活性化に関する特別措置法

（聴聞の特例）

第十八条の四　地方運輸局長は、その権限に属する一般乗用旅客自動車運送事業の停止の命令をしようとするときは、行政手続法（略）第十三条第一項の規定による意見陳述のための手続の区分にかかわらず、**聴聞を行わなければならない**。

2　地方運輸局長の権限に属する一般乗用旅客自動車運送事業の停止の命令又は許可の取消しの処分に係る聴聞の主宰者は、行政手続法第十七条第一項の規定により当該処分に係る利害関係人が当該聴聞に関する手続に参加することを求めたときは、これを**許可しなければならない**。

3　前項の聴聞の主宰者は、聴聞の期日において必要があると認めるときは、参考人の出頭を求めて意見を聴取することができる。

5　罰則

刑法との関係

本則の最後に置かれるのが罰則です。まずは、この罰則と刑法総則との関係を整理しておきましょう。刑法一編「総則」では、刑罰の種類や刑罰を科す方法など刑罰に関する一般原則が規定されています。それぞれの法律で置かれている罰則は、この刑法総則を前提として理解しなければなりません。さらに、刑法二編「罪」では、罪に当たる行為とそれに対する刑罰が規定されています。各法令で定められている罰則は、この刑法二編に追加する刑罰（刑法）と捉えられています。そのため刑法以外の法令で定められた罰則を「特別刑法」と呼びます。少し、複雑になりますが、刑法総則は、刑法二編ばかりでなく、特別刑法の総則として機能しているのです。罰則を起案するには、この点を理解した上でしなければなりません。

刑罰の種類

刑法九条では「死刑、懲役、禁錮、罰金、拘留及び科料を主刑とし、没収を付加刑とする。」とあります。その原則的な内容を分類すると図11のようになります。

罰則立案に当たっての基本的な姿勢

[1] 義務規定と罰則

義務規定を置いたからといって、それに対する罰則を必ず置かなければならないわけではありません。義務規定は置いても、様々な理由から罰則を整備していないものはたくさんあります。また、罰則を置いている場合でも、義務違反の行為に対して直接、罰則をかけるしくみ（こうしたしくみを「直罰」といいます。）ではなく、一旦、行政からの監督処分を行ったあと、それにも従わない場合に罰則を科す場合もあります。違反行為に対して、改善命令などを発し、命令違反をした場合に罰則を科すといったしくみです。たとえば、保険業法三百二十条七号では「第三百六条の規定による命令に違反した者」に「三十万円以下の罰金に処する」旨が規定されてい

〔図11〕

生命刑	死刑
自由刑（身柄を拘束する刑罰）	懲役（刑務作業あり）。有期・無期あり、有期の場合には、１月以上20年以下
	禁錮（刑務作業なし）。有期・無期あり、有期の場合には、１月以上20年以下
	拘留（こうりゅう・刑務作業なし）１日以上30日未満。
財産刑（財産をはく奪する刑罰）	罰金（１万円以上）
	科料（かりょう・千円以上１万円未満）

※このほか、付加刑（併せて科される刑）として「没収」があります。

ます。

○保険業法
（業務改善命令）
第三百六条　内閣総理大臣は、特定保険募集人又は保険仲立人の業務の運営に関し、保険契約者等の利益を害する事実があると認めるときは、保険契約者等の保護のため必要な限度において、当該特定保険募集人又は保険仲立人に対し、業務の運営の改善に必要な措置をとるべきことを命ずることができる。

[2]　犯罪の構成要件の明確性

罰則では犯罪の構成要件の明確性が問題となります。罰則は、究極の人権制限ですから、どのような行為が犯罪とされるのか、いつ既遂と判断されるのか、といった基本的なことが備わっていないといけません。保険業法でも「保険契約者等の利益を害する行為をしてはならない」と義務付けをしても、直罰では、なかなか働きにくいものです。そうしたこともあり、途中に命令を挟んだのでしょう。実効性を高め、構成要件を明確にするくふうといえそうです。

また、次の土壌汚染対策法六十六条七号では「第二十条第五項、（中略）に違反して、管理票又はその写しを保存しなかった者」に対しての罰則を定めています。単に「第二十条第五項に違反した者」としたのでは「管理票の写しにより確認し」ていない者も罰則の対象になるかもしれないと読まれます。

もちろん、土壌汚染対策法二十条五項では管理票の写しにより確認することも求めていますが、確認したかどうかの「確認」はあとからでは難しく、「管理票又はその写しを保存」をもって担保しようとしたのでしょう。これもまた、犯罪の構成要件の明確性という点からもっともといえます。

○土壌汚染対策法
（管理票）
第二十条　1〜4　略
5　管理票交付者は、前二項の規定による管理票の写しの送付を受けたときは、当該運搬又は処理が終了したことを当該管理票の写しにより確認し、かつ、当該管理票の写しを当該送付を受けた日から環境省令で定める期間保存しなければならない。
6〜8
第六十六条　次の各号のいずれかに該当する者は、三月以下の懲役又は三十万円以下の罰金に処する。
一〜六　略
七　第二十条第五項、第七項又は第八項の規定に違反して、管理票又はその写しを保存しなかった者
八・九　略

過料のこと

刑法九条の刑罰の種類では「過料」の名がありません。過料は、行政法学上、秩序罰に分類され、正式な刑罰に当たらないからです。過料には、刑法総則の適用もなければ、刑事訴訟法の適用もありません。秩序罰である過料は、名前のとおり行政上、民事上、訴訟手続上の秩序を乱す行為に対して科せられるもので、社会の法益を侵害する程度が重大なものに科せられる刑罰（特に「罰金」）とは区別されます。このように罰金か過料かの選択は、行為の重大性に着目して行われるということになるのですが、実際には振分けが難しい場合もありますし、実効性の面から判断される場合もあります。

なお、国の法令に基づく過料は非訟事件手続法五編に基づき地方裁判所の裁判により科されます。一方、条例による過料は長の処分として行われます。地方自治法二百五十五条条の三にその手続が規定されています。

刑法総則を踏まえた罰則の書き方

［1］量刑の書き方

刑法総則の規定を踏まえると「十年以下の懲役」とあるのは、「（一月以上）十年以下の懲役」と理解しなければなりませんし、「三年以上の懲役」とある場合には、「三年以上（二十年以下）の懲役」と理解しなければなりません（九九・一〇〇頁参照）。

また、罰金については、「百万円以下の罰金」は「（一万円以上）百万円以下の罰金」と読むことになります。もちろん、刑法総則で定める範囲内であれば、刑の長期と短期や罰金額の多額と寡額の双方を定めることも可能です。なお、拘留と科料については、量刑の範囲が狭いため、単に「拘留に処する」、「科料に処する」とだけ規定するのが普通です。

[2] 没収に関する規定

また、付加刑である没収については、刑法十九条に定めがあります。また、没収できないときの価額の追徴が同法十九条の二に定められています。そうではあっても、それぞれの法律で没収や追徴の規定が置かれることがあります。こうした規定は刑法の特別法に当たると理解できます。「没収することができる」と刑法十九条二項であるところを「没収する」などとしているからです（吉田利宏『新法令用語の常識』一五五～一五七頁参照）。

[3] 過失犯

刑法総則の特別法的な定めはほかにも見られます。たいへん多いのが過失犯の処罰に関する規定です。ダイオキシン類対策特別措置法四十五条二項もそのひとつです。

> ○ダイオキシン類対策特別措置法
> 第四十五条　次の各号のいずれかに該当する者は、六月以下の懲役又は五十万円以下の罰金に処する。
> 一　第二十条第一項又は第二十一条第一項の規定に違反した者
> 二　略
> 2　**過失により**、前項第一号の罪を犯した者は、三月以下の禁錮又は三十万円以下の罰金に処する。

3　略

刑法三十八条一項は犯罪の処罰を故意犯に限ることを原則としています。ただ、「法律に特別の規定がある場合」にはその例外を認めることにしており、過失犯の規定はこれを受けて定められたものといえます。

> ○刑法
> （故意）
> 第三十八条　罪を犯す意思がない行為は、罰しない。ただし、法律に特別の規定がある場合は、この限りでない。
> 2・3　略

問題は、行政法違反、特に、届出義務違反など形式的、定型的な犯罪について、過失犯を罰する明文の規定がなければ過失犯を罰することができないのかということです。

この件については、古物営業法に関する最高裁の判例（最判昭和三七・五・四）があります。古物営業法には「古物を受け取り、又は譲り渡したときは、その都度、その帳簿に左に掲げる事項を記載しなければならない。」との規定がありましたが、この義務規定に関する罰則には過失犯の規定がなく、過失による帳簿不記載につき罰則が適用されるかが問題となりました。古物営業法には、当時も、別の届出義務につき過失犯を罰する旨の規定（現在の古物営業法三十七条に当たる規定）があり、その規定との対比での検討が求められました。ただ、最高裁は「故意に帳簿に所定の事項を記載しなかつたものばかりでなく、過失によりこれを記載しなかつたものをも包含する法意であると解した原審の判断は正当である」と判示しています。

こうした判例はあっても、こと罰則のことですから、過失犯を処罰するつもりなら、明文の規定が必要であると考えるべきでしょう。

なお、過失犯については、単に「過失により」とする場合ばかりでなく、「重大な過失により」と限定する場合もあります。また、ダイオキシン類対策特別措置法もそうですが、一般に過失犯の法定刑は故意犯の法定刑より軽く定められています。

> ○古物営業法
> 第三十七条　過失により第十九条第五項又は第六項の規定に違反した者は、拘留又は科料に処する。

両罰規定

[1] 両罰規定の意義

行政法の罰則には、次のような規定が置かれることがあります。これを両罰規定といいます。

○会社法
（両罰規定）
第九百七十五条　法人の代表者又は法人若しくは人の代理人、使用人その他の従業者が、その法人又は人の業務に関し、前二条の違反行為をしたときは、行為者を罰するほか、その法人又は人に対しても、各本条の罰金刑を科する。

両罰規定はその名のとおり、行為者ばかりでなく、行為者と一定の関係にある法人や自然人も同時に処罰するためのものです。こうした両罰規定が必要となるのには理由があります。一般に、罰則は行為者である自然人のみを対象として処罰するものと考えられているからです。この考え方に従えば、たとえば、法人が無許可で事業を営んでいたとしても、罰則はその法人の代表者や幹部職員が引き受けることになります。ただ、違反行為で利益を得ているのは法人そのものであり、法人が処罰されないのは刑のバランス上、問題が残ります。また、行為者を罰するだけでは法の目的を達することができないといえるでしょう。こうした事情から置かれたのが両罰規定なのです。

[2]　免責規定の意味

古い両罰規定には、次の内航海運組合法七十三条のように、「相当の注意及び監督が尽された」場合の免責の規定がただし書として置かれています。

○内航海運組合法

第七十三条　法人の代表者又は法人若しくは人の代理人、使用人その他の従業者が、その法人又は人の業務に関し、前三条の違反行為をしたときは、その行為者を罰するほか、その法人又は人に対して、各本条の刑を科する。ただし、法人又は人の代理人、使用人その他の従業者の当該違反行為を防止するため、当該業務に対し相当の注意及び監督が尽されたことの証明があつたときは、その法人又は人については、この限りでない。

ただ、こうした免責規定が置かれていない両罰規定であっても、ただし書があるように解釈すべきものとされています。最高裁も「両罰規定は故意過失もなき事業主をして他人の行為に対し刑責を負わしめたもの」との主張に対して、「事業主として右行為者らの選任、監督その他違反行為を防止するために必要な注意を尽さなかつた過失の存在を推定した規定と解すべく、したがつて事業主において右に関する注意を尽したことの証明がなされない限り、事業主もまた刑責を免れ得ないとする注意と解するを相当とする。」（最大判昭和三二・一一・二七）と述べています。

[3]　両罰規定での罰金額など

両罰規定により法人、自然人に科せられる刑は、罰金などの財産刑に限られています。そして、法人等と行為者とは同一の額であることが多いものです。ただ、近年、法人に対する罰金が高騰し、数億円という場合さえ見られるようになりました。こうしたことに伴い、両罰規定において法人の罰金額のみ高額にする例もあります。

○消費者安全法
第五十六条　法人の代表者又は法人若しくは人の代理人、使用人その他の従業者が、その法人又は人の業務に関して、次の各号に掲げる規定の違反行為をしたときは、行為者を罰するほか、その法人に対して当該各号に定める罰金刑を、その人に対して各本条の罰金刑を科する。
一　第五十一条及び第五十二条　一億円以下の罰金刑
二　略

[4]　過料についての両罰規定
法律において過料についての両罰規定は現在、見当たりません。しかし、過去にはその例がありました。「厚生省関係法令の整理に関する法律」（昭和二十九年法律第百三十六号）による改正前の精神衛生法（現在の「精神保健及び精神障害者福祉に関する法律」）もそのひとつです。

○（旧）精神衛生法
（両罰規定）
第十一条　法人の代表者又は法人若しくは人の代理人、使用人その他の従業者がその法人又は人の業務に関して前二条の違反行為をしたときは、その行為者を罰する外、その法人又は人に対し各本条の過料を科する。

「思うに、過料の処分は刑と行政処分とのいわば中間的な性格を有するものと解されるところ、過料責任なるものは、刑事責任とは異なり、特に個人の違反行為を追求するという要素が少ないといえることは確かである。」法制執務研究会『新訂　ワークブック法制執務』二四七頁。こう考えると、次の高年齢者等の雇用の安定等に関する法律五十七条は、過料責任者を法人とした上で、それを代表者に負わせた規定ということになります。

○高年齢者等の雇用の安定等に関する法律
第五十七条　第十六条第一項の規定による届出をせず、又は虚偽の届出をした者（法人であるときは、その代表者）は、十万円以下の過料に処する。

下水道条例などをはじめとして、条例では過料の両罰規定が見られます。長の処分として過料が科されることを考えると、「行為者を罰するほか」と行為者に過料を科す部分こそが、創設的な意味合いがあると読めるのかもしれません。両罰規定をどう捉えるかは様々な議論があるようですが、頭の体操はこれくらいにしておきましょう。

○東京都下水道条例

第二十六条　偽りその他不正な手段により料金又は手数料の徴収を免れた者は、その徴収を免れた金額の五倍に相当する金額（当該五倍に相当する金額が五万円を超えないときは、五万円とする。）以下の過料に処する。
第二十七条　法人の代表者または法人若しくは人の代理人、使用人その他の従業者が、その法人または人の業務に関して前二条の違反行為をしたときは、行為者を罰するほか、その法人または人に対しても、各本条の過料を科する。

罰則の順番

複数の罰則がある場合には罰則の順番についても考えなくてはなりません。書き方のバリエーションはありますが、重い罰則から軽いものへと並べるのが原則です。まず、自由刑の量刑を基準に重い順に並べ、財産刑だけの場合には額の高い方から順に並べます。両罰規定がある場合には、関係する条文のすぐあとに置きます。また、過料は刑法上の罪のあとに続いて規定されます。

○遊漁船業の適正化に関する法律
第二十八条　次の各号のいずれかに該当する者は、三年以下の懲役若しくは三百万円以下の罰金に処し、又はこれを併科する。
一〜四　略

第二十九条　第十九条第一項の規定による事業の停止の命令に違反して遊漁船業を営んだ者は、一年以下の懲役若しくは百五十万円以下の罰金に処し、又はこれを併科する。
第三十条　次の各号のいずれかに該当する者は、百万円以下の罰金に処する。
一～四　略
第三十一条　次の各号のいずれかに該当する者は、三十万円以下の罰金に処する。
一～三　略
第三十二条　法人の代表者又は法人若しくは人の代理人、使用人その他の従業者が、その法人又は人の業務に関し、第二十八条から前条までの違反行為をしたときは、その行為者を罰するほか、その法人又は人に対して、各本条の罰金刑を科する。
第三十三条　第九条第一項の規定による届出を怠った者は、五十万円以下の過料に処する。

6　附則の書き方など

附則の規定事項と配置

［1］附則の規定事項

六法では、施行期日などを除いて省略されている附則の規定ですが、その立案は本則以上に難しいものです。

附則の規定は、通常の場合、(A)施行期日に関する規定、(B)その法令の制定に伴い廃止する法令がある場合にはその廃止規定、(C)その法令の施行に伴う経過措置、(D)他法令の改正規定とその改正に伴う経過措置といった順に書かれます。もっとも、廃止規定は、(C)と(D)の間に置かれることもあります。附則にはほかに「法令の有効期限に関する規定」、「見直し規定（検討条項）」などが置かれることがあります。

[2] 整理法と整備法

附則に規定しなければならない事項が非常に多い場合には、施行期日の部分を残して、他の部分を「○○法施行法」として別にまとめる場合があります。また、ある法律の施行に伴い、たくさんの関係する法律の改廃が必要となる場合には、その部分だけを「○○法の施行に伴う関係法律の整理に関する法律」という別法にまとめることもあります。これを「整理法」といいます。整理法は施行に伴う必然的な改廃を行う法律といえるわけですが、少しその域を超える改廃部分がある場合には、「○○法の施行に伴う関係法律の整理等に関する法律」と題名に「等」を加えたりします。さらに、明らかに新たな政策判断といえる改正が加わる場合には、その題名は「○○法の施行に伴う関係法律の整備に関する法律」となります。これを「整備法」といいますが、「名は体を表す」などといいますが、題名へのこだわりもこんなところに現れています。

[3] 項で成り立つ附則・通し条文の附則

附則は条で成り立つものと、項で成り立っているものがあります。古くは、附則は項で構成するものとされていましたが、現在ではこうしたルールはありません。比較的、規定事項が少ない場合を除いて「条建て」です。

なお、古い法令では本則と附則が通し条文となっているものがあります。本則が二十九条まであったとしたら、附則が三十条から始まるような例です。この場合に、附則の条名を引用する際には「附則第三十一条」と引用せず、単に「第三十一条」と引用することになります。

施行期日

［1］施行期日の規定が置かれない法令

法令が効力を発生させるためには施行が必要です。そのため、法令には附則の第一条又は第一項に施行期日に関する規定が置かれます。ただ、たとえ施行期日に関する規定が欠けていたとしても、法令によっては、それを補充する一般的な準則規定があります。

たとえば、法の適用に関する通則法二条では「法律は、公布の日から起算して二十日を経過した日から施行する。」とあり、法律なら、施行期日の規定がなくとも、この規定を拠り所に施行が行われることになります。また、条例や規則についても、同様に、地方自治法十六条三項及び五項から「公布の日から起算して十日を経過した日から」施行されます。

○法の適用に関する通則法
（法律の施行期日）
第二条　法律は、公布の日から起算して二十日を経過した日から施行する。ただし、法律でこれと異なる施行期日を定めたときは、その定めによる。

○地方自治法
第十六条　①・②　略
③　条例は、条例に特別の定があるものを除く外、公布の日から起算して十日を経過した日から、これを施行する。
④　略
⑤　前二項の規定は、普通地方公共団体の規則並びにその機関の定める規則及びその他の規程で公表を要するものにこれを準用する。但し、法令又は条例に特別の定があるときは、この限りでない。

準則規定との関係で、生じる疑問が「○○条例の施行期日を定める規則」がいつから施行されるのかということです。というのも、「○○法の施行期日を定める政令」には、施行期日の規定は置きません。その内容から公布の日から施行するのが当然だと考えられるからです。こうしたことから、「○○条例の施行期日を定める規則」にも施行期日の規定は置かれませんが、地方自治法十六条五項との関係で「公布の日から起算して十日を経過した日」に施行されるのではないかとの疑問が浮かぶというのです。しかし、それは考えすぎです。そもそも、施行期日に関する定めを置かなかったのは、公布日施行が自明のことだからです。地方自治法十六条五項に基づいて施行がなされると考えることはできないでしょう。

［2］施行期日の書き方

施行期日の一般的な書き方には法律を例にとると次のようなパターンがあります。

①公布日施行
②一定の猶予を定めての施行
③特定の事実の発生にかからしめる施行

まず、①の公布日施行ですが、新たに国民の権利を制限したり、国民に義務を課したりする場合にはできませんが、そうでなければ「この法律は、公布の日から施行する。」とすることが可能です。罰則を伴うような法令が公布日施行できないのは、いうまでもありません。

②ですが、これも次のようにいくつかの種類に分けられます。

②－1　平成○○年△月×日から施行する
②－2　公布の日から起算して○日（△月）を経過した日から施行する
②－3　公布の日から起算して○月（△年）を超えない範囲内において政令で定める日から施行する

②－1についてです。「平成○○年四月一日から施行する。」といったように、新たな予算措置が必要なものは四月一日施行が多いものです。②－2は、施行までの一定期間を見込む施行期日です。確定期日の場合には、法案の審議が遅れて施行予定日を徒過する場合も考えられます。この場合には施行期日

の修正を行う必要が生じます。「公布の日から起算して○日（△月）を経過した日から施行する。」としておけば、こうした事態を避けることができます。法案審議にやきもきすることもなく、施行までの一定期間を確保することもできます。②－3はさらに使い勝手をよくさせたものともいえます。というのは、法律は国会が成立させるものです。しかし、その法を運用するのは行政ですし、運用するための準備をするのも行政です。政省令や通達・通知の発出には手間がかかりますし、大掛かりな法改正だと、組織作りや職員の配置替えもあるかもしれません。何が言いたいのかというと、施行までの準備として必要な日数は行政にしか分からない面があります。こうしたことから、少し込み入った内容の法律については、国会が施行の期限を定めたうえで具体的な施行日を行政に任せるやり方が行われています。これが「公布の日から起算して○月（△年）を超えない範囲内において政令で定める日から施行する。」とするものです。ただ、単に「政令で定める日から施行する。」とする方式は感心できません。施行に関しても「丸投げ」はせず、国会は意思を示す責任があります。

③は特殊な場合の施行期日です。法律が他法と密接な関係があるとか、条約の実施のための法律である場合にこの方式が使われます。

③－1	○○法施行の日から施行する　※「○○法」というのは他法です
③－2	条約が日本国について効力を生ずる日から施行する

法令の有効期限に関する規定

普通、法令には施行期日はあっても、その効力の期限（有効期限）に関する規定はありません。しかし、まれに、有効期限の定めがある法律があります。こうした法律を限時法といいます。有効期限に関する定めは「この法律は、平成〇〇年×月△日限り、その効力を失う。」、「この法律の施行の日から起算して〇年を経過した日に、その効力を失う。」などと表現されます。有効期限に関する定めは、施行期日の規定に続いて置かれる場合も多く、失効に伴い必要となる経過措置も同時に置かれます。

〇女性の職業生活における活躍の推進に関する法律
（この法律の失効）
第二条　この法律は、**平成三十八年三月三十一日限り、その効力を失う。**
2　第十八条第三項の規定による委託に係る事務に従事していた者の当該事務に関して知り得た秘密については、同条第四項の規定（同項に係る罰則を含む。）は、前項の規定にかかわらず、同項に規定する日後も、なおその効力を有する。
3・4　略

図12

本則事項	附則事項
・100円に1ポイントつくこと ・100ポイント以上で値引きに使えること ・7のつく日はラッキーディでポイントが2倍になること	・いままでのポイントは磁気ポイント導入の日から6か月間は有効であること ・磁気カードと交換した者はその場で300ポイントのプレゼントがあること

経過措置規定

[1] 経過措置とは

本則が法施行後引き続き必要な規定であるのに対して、附則は新しい制度の導入や制度の改正に際して必要となる規定です。新制度や改正をいかにスムーズに定着させるか、それが附則の使命といえます。たとえば、あるドラッグストアーが紙のポイントカードから磁気のポイントカードへと変更したとしましょう。このポイントカードに伴うルールをもし法令で規定するとしたら、本則と附則との振り分けは**図12**のようになることでしょう。

[2] 経過措置の難しさ

「経過措置がうまく書けるようになったら一人前」。法制局ではずっとそう言われてきました。それほど経過措置規定をうまく書くことは難しいものです。まず、どんな経過措置が必要なのか判断しなければなりません。さらに、そうした必要な経過措置をうまく条文として表現できなくてはなりません。

在職中は、似たような改正内容を持つ法令の経過措置をお手本にして原案を作成していました。全く同じ改正はなくとも、内容の似た改正は過去にあるわけですから、その経過措置を集めることから始めます。新たに行政機関を置く場合ならそうした法律の経過措置を、登録制を許可制に移行するならそうした経過措置を、といった具合です。こうした経過措置を探し出して集めるには少々時間がかかります。ただ、この時間はあとで取り戻すことができます。そして、類似した例がいくつか集まると、それらを比較します。似たような改正内容であるのに、一方の改正法附則には存在する経過措置が別な改正法附則にはない場合には、その理由を考えます。どうしても思いつかない場合には、所管課に電話してその事情を尋ねることもしました。改正から年数が経っていない場合には、起案担当者がまだ在籍していることもあり、貴重な情報を手に入れることができます。

[3] 既得の権利・地位への配慮

まず、一番に注意すべきことは、既得の権利や地位への配慮です。たとえば、これまで特段の手続を必要とせずに行うことができた営業に、新たに許可制が導入されたとします。この場合、これまで、そうした営業を行っていた者について、一定期間、許可を得ないで営業を認めるとか、許可の要件を一部緩和するなどの措置が検討されなければなりません。具体的な経過措置の内容については、許可制度が導入される趣旨や目的に照らして選択されることになります。

ひとつ例を挙げると、これまで法規制がなかった探偵業ですが、平成十九年に「探偵業の業務の適正化に関する法律」が施行され、公安委員会への届出が義務付けられました。ところが、既存業者については、附則二条で法施行後一か月間の届出の猶予が定められています。

図13

61歳から支給開始	昭和28年4月2日～昭和30年4月1日生まれ
62歳から支給開始	昭和30年4月2日～昭和32年4月1日生まれ
63歳から支給開始	昭和32年4月2日～昭和34年4月1日生まれ
64歳から支給開始	昭和34年4月2日～昭和36年4月1日生まれ
65歳から支給開始	昭和36年4月2日生まれ以降

○探偵業の業務の適正化に関する法律
附則
（経過措置）
第二条　この法律の施行の際現に探偵業を営んでいる者は、この法律の施行の日から一月間は、第四条第一項の規定による届出をしないで、探偵業を営むことができる。

[4]　激変緩和措置

直接的には、既得の権利・地位への配慮とはいえないものの、税率や保険料の引き上げなどに当たって、徐々にその率を引き上げてゆく激変緩和措置がとられるのもこの考え方の延長線上にあります。

たとえば、現在、老齢厚生年金（報酬比例部分の老齢厚生年金）の支給開始年齢の引き上げが行われていますが、男性を例にとると、図13のような激変緩和措置がとられています（厚生年金保険法附則八条の二第一項）。

[5]　不利益措置の効果の継続

経過措置には、不利益な法の効果を維持させることを定めたものもあります。罰則などがそうですが、これまで「悪」とされていたことが、法改正によって不問に付されることに、社会正義の観点から良しとしない場合もあるからです。こうした場合、「悪」とされた効果を維持しておこうとします。「司法試験法及び裁判所法の一部を改正する法律」附則四条の規定もこうした例のひとつです。なお、罰則についての経過措置については、別に詳しく説明するとにします。

○司法試験法及び裁判所法の一部を改正する法律（平成十四年法律第百三十八号）
附則
（不正受験者に対する措置に関する経過措置）
第四条　司法試験委員会は、この法律の施行前に行われた司法試験を不正の手段によって受けた者又は第一条の規定による改正前の司法試験法若しくは同法に基づく司法試験管理委員会規則に違反した者に対しては、司法試験管理委員会がした合格の決定を取り消すことができる。

［6］本則に対する補充措置

本則は新しい法制度についての規定ですが、こうした規定を補充するための幅広い規定が附則には置かれています。いずれも、司法試験法及び裁判所法の一部を改正する法律の附則での例です。附則六条は、新制度の施行のための準備行為を定めています。事実上の行為としてできるものも含めて附則に規定する場合があります。附則七条は、本則の例外的な規定です。平成十八年から平成二十三年までの間においては、新司法試験のほかに旧司法試験も並行して実施されることが定められています。

○司法試験法及び裁判所法の一部を改正する法律（平成十四年法律第百三十八号）

附則

（新司法試験の実施のために必要な行為に関する経過措置）

第六条　法務大臣は、第二条の規定による改正後の司法試験法（以下「新法」という。）第三条第二項第四号又は第三項の法務省令を制定しようとするときは、第二条の規定の施行の日前においても、司法試験委員会の意見を聴くことができる。

2　法務大臣は、第二条の規定の施行の日前においても、新法第十五条の規定の例により、新法の規定による司法試験（以下「新司法試験」という。）に係る司法試験考査委員を任命することができる。

3　新司法試験の実施に必要な公告その他の準備行為は、第二条の規定の施行の日前においても、行うことができる。

（旧司法試験の実施）

第七条　司法試験委員会は、平成十八年から平成二十三年までの間においては、新司法試験を行うほか、従前の司法試験（平成二十三年においては、平成二十二年の第二次試験の筆記試験に合格した者に対する口述試験に限る。）を行うものとする。この場合において、第二条の規定による改正前の司法試験法（以下「旧法」という。）第二条から第六条の二まで及び附則第二項の規定（これらの規定に基づく法務省令の規定を含む。）は、第二条の規定の施行後も、なおその効力を有する。

2・3　略

罰則の経過措置

[1] 刑の廃止・変更の際の経過措置

行為時には犯罪行為でも、裁判時にその罰則が廃止されていたら「判決で免訴の言渡をしなければならない」と刑事訴訟法三百三十七条二号に規定されています。罰則が廃止される場合には、法令自体が廃止される場合もあれば、その法令のうち関係する罰則規定だけが廃止される場合もあるでしょうが、そうした場合には、罪を問うことはできないというわけです。ところが、同じ犯罪行為を行った者が、裁判時が異なるだけで、一方は処罰され、一方が処罰されないことが刑事政策上、問題とされる場合がありますそんなときには罰則についての経過措置を置き、引き続き罰則が適用されるようにしておきます。

> ○高度テレビジョン放送施設整備促進臨時措置法を廃止する法律
> 附則
> (罰則に関する経過措置)
> 第二条　この法律の施行前にした行為に対する罰則の適用については、なお従前の例による。

また、犯罪行為後に罰則が変更されたときには、そのうち「軽いものによる」ことが刑法六条で定められています。もし、罰則が軽くなった場合にも、犯罪時の罰則を維持しようとするなら、同様の経過措置が置かれることとなります。

○刑法
第六条　犯罪後の法律によって刑の変更があったときは、その軽いものによる。

[2]「なお効力を有する」とされる規定違反の罰則の経過措置

実体的規定とその罰則が廃止され、実体的規定が「なお従前の例による」といった規定により生かされている場合があります。この場合に、実体的規定に違反した場合の罰則を維持するためには、その旨の経過措置を置くべきものとされています。刑の廃止・変更の際の経過措置と併せて措置すると次のような書き方になります。

○薬事法等の一部を改正する法律（平成二十五年法律第八十四号）
附則
（罰則に関する経過措置）
第百条　この法律の施行前にした行為及びこの法律の規定によりなお従前の例によることとされる場合におけるこの法律の施行後にした行為に対する罰則の適用については、なお従前の例による。

附則における他法改正の順序

附則で行われる他法の改正は本則の改正に伴う文言や条番号の整理の改正です。ですから、起案内容に困ることはないでしょう。困るのは、附則で改正すべき他法が複数あった場合の順序です。通常の場合、公布年月日（法律番号の順といってもいいです。）の古い順に並べられます。「長幼の序」といったところでしょうか。ただ、各省の設置法をまとめて改正する際などには、内閣府をトップにして国家行政組織法別表第一に掲げられた順に並べます。この順のことを「建制順」といいます。この建制順は便利なもので、同じ立場で複数の省庁が会議するときの席順や書類に複数の省庁の名前を記載する際の順にも使うことができます。また、官報での法令や告示の掲載順などもこの建制順によります。なお、他法改正に関する経過措置はその他法改正の直後に置かれます。

見直し規定

[1] 見直し規定の意義

法律の附則には次のような「見直し規定（条項）」とか「検討条項」と呼ばれるものが置かれることがあります。平成六年に規制緩和の推進に関する閣議決定がなされ、新たな規制を設ける場合には見直し規定を設けるよう各省に求めたことが多く見かけるようになった理由のひとつです。また、国会審議を経ての与野党攻防の「落としどころ」として見直し規定が修正で加えられることもあります。

○消費者の財産的被害の集団的な回復のための民事の裁判手続の特例に関する法律

附則

（検討等）

第三条　政府は、この法律の趣旨にのっとり、特定適格消費者団体がその権限を濫用して事業者の事業活動に不当な影響を及ぼさないようにするための方策について、事業者、消費者その他の関係者の意見を踏まえて、速やかに検討を加え、その結果に基づいて必要な措置を講ずるものとする。

ただ、法律の規定内容を不断に見直すことは当たり前のことです。それは見直し規定があろうがなかろうが変わりありません。その上で、見直し規定の意味を考えると、見直しを行うべき時期や見直しの視点を立法府として義務付けたことにあるといえるでしょう。

見直し規定を附則のどの場所に置くかについては、確固たる位置というものがありません。置かれる場所も、施行期日の次、他法の一部改正の前、附則の最後付近といったように様々です。

[2]　基本条例での見直し規定の場所

自治基本条例や議会基本条例などの基本条例では、見直し規定が附則ではなく本則に置かれることが多くあります。たとえば、自治基本条例の嚆矢ともいえる「ニセコ町まちづくり基本条例」では、本則の最後の条として見直し規定を置いています。

○ニセコ町まちづくり基本条例
（この条例の検討及び見直し）
第五十七条　町は、この条例の施行後四年を超えない期間ごとに、この条例がニセコ町にふさわしいものであり続けているかどうか等を検討するものとする。
2　町は、前項の規定による検討の結果を踏まえ、この条例及びまちづくりの諸制度について見直す等必要な措置を講ずるものとする。

見直し規定を敢えて、本則に置いた意味については「四年を超えない期間ごと」の見直しを恒常的な制度として組み込んだということなのでしょう。このニセコ町まちづくり基本条例をモデルとしたのでしょうか、見直し規定を本則に置く条例がしばしば見受けられます。しかし、こうしたもののなかには、見直しを行うべき時期や見直しの視点が十分示されてないものもあります。見直し規定の意義という意味でも、置き場所という意味でも「残念」な例と言えるでしょう。

「理由」の書き方

法律案の最後のページには提案の「理由」が付されています。この理由の書き方については「目的規定をひっくり返せ」と教えられます。「ひっくり返す」というのはこういうことです。目的規定は、「手段・目的・究極の目的」といった三部構成でできているわけですが、理由では、まず、目的や背景とする事情を説明し、それに対する手段を書くのが一般的です。しかも、手段の部分は少し詳しく書きます。そして、最後は「これが、この法律案を提出する理由である。」で締めます。たとえば、行政不服審査法の全部改正ですが、その理由を示すと次のようになります。

○行政不服審査法
(目的等)
第一条　この法律は、行政庁の違法又は不当な処分その他公権力の行使に当たる行為に関し、国民が簡易迅速かつ公正な手続の下で広く行政庁に対する不服申立てをすることができるための制度を定めることにより、国民の権利利益の救済を図るとともに、行政の適正な運営を確保することを目的とする。
2　略

○行政不服審査法案(全部改正)の理由
理　由
行政庁の処分又は不作為に対する不服申立ての制度について、より簡易迅速かつ公正な手続による国民の権利利益の救済を図るため、不服申立ての種類の一元化、審理員による審理手続、行政不服審査会への諮問手続の導入等を行う必要がある。これが、この法律案を提出する理由である。

このことは一部改正法案の理由であっても同じで、改正の目的（趣旨）を簡単に述べた後、主な改正点を順番に述べ、「これが、この法律案を提出する理由である。」で締めます。

○活動火山対策特別措置法の一部を改正する法律案
　理由
活動火山対策の強化を図るため、活動火山対策の総合的な推進に関する基本的な指針の策定について定めるとともに、火山災害警戒地域における警戒避難体制を整備する等の措置を講ずる必要がある。これが、この法律案を提出する理由である。

著者

吉田《よしだ》　利宏《としひろ》　元衆議院法制局参事

1963年生まれ。1987年衆議院法制局入局。以後15年にわたり議員立法や修正案の作成に参画。主な著書に、『新法令用語の常識』（日本評論社）、『法実務からみた行政法』『法令読解心得帖』（共著、日本評論社）、『政策立案者のための条例づくり入門』（共著、学陽書房）、『つかむ・つかえる行政法』『法学のお作法』（法律文化社）、『元法制局キャリアが教える法律を読む技術・学ぶ技術』『同　法律を読むセンスの磨き方・伸ばし方』（ダイヤモンド社）などがある。

新法令解釈《しんほうれいかいしゃく》・作成《さくせい》の常識《じょうしき》

2017年4月15日　第1版第1刷発行

著　者──吉田利宏
発行者──串崎　浩
発行所──株式会社　日本評論社
〒170-8474 東京都豊島区南大塚3-12-4
電話03-3987-8621（販売：FAX －8590）
03-3987-8592（編集）
https://www.nippyo.co.jp/　振替　00100-3-16
印刷所──精文堂印刷
製本所──難波製本
装　丁──林　健造

ISBN978-4-535-52246-6　Printed in Japan